떠돌이 노점 옷장사의 쓴 소리
노무현과 개혁, 그리고 언론

박용수

노무현과 개혁, 그리고 언론

1판 1쇄 인쇄 / 2003년 12월 10일
1판 1쇄 발행 / 2003년 12월 20일

지은이 / 박용수
펴낸이 / 김영길
편집 주간 / 장상태, 전양경
책 편집 · 디자인 / 김범석 · 이용인
펴낸곳 / 도서출판 선영사
표지 · 재킷 / 선영 디자인(SUNYOUNG DESIGN)
서울시 마포구 성산동 254-10 2층
TEL / (02)338-8231, (02)338-8232 FAX / (02)338-8233
E-MALE sunyoungsa@hanmail.net
WEB SITE sunyoung.co.kr

등록 / 1983년 6월29일 제 카1-51호

ⓒ Korea Sun-Young Publishing Co., 2003
잘못된 책은 바꾸어 드립니다.

ISBN 89-7558-110-1   03300

· 잘못된 책은 바꾸어 드립니다.
· 홈페이지를 이용하시면 선영출판사에 관한 모든 정보를 보실 수 있습니다.

글머리

차의 경적 소리와 지나가는 사람들의 시끌벅적한 수다를 배경 음악으로 들으면서 길거리에서 이 글을 썼다.
혼이 빠진 모습으로 깊은 시름에 빠져 있을 때 "옷이나 팔지 않고 뭐해요?"라는 손님들의 투정에, "아이고, 죄송합니다"를 연발하면서……
이제껏 여당이든 야당이든 당원으로 가입해 본 적도 없는 나에게 노무현 대통령은 글을 쓰도록 재촉했다. 하고 싶은 말이 나도 모르게 폭포수처럼 흘러내렸다.
나는 정치인들이 '소신'이라는 단어를 사용하는 것을 매우 싫어한다. 그보다는 감히 '철학'이라는 단어를 사용해야 한다고 생각한다. 나는 정치인들이 '논리'라는 단어를 자주 사용하는 것도 매우 싫어한다. 감히 '타당'이라는 단어를 사용해야 한다고 생각한다.
철학과 타당의 정치만이 화합을 탄생시키고, 그 화합은 개혁의 중심부를 향하는 데 큰 힘이 된다.
그러나 소신과 논리의 정치는 분열을 탄생시키고, 그 분열은 개혁의 모서리에서 맴돌다 힘없이 사라질 것이다.

5년이라는 긴 정치 마라톤 경주에서 노무현 대통령은 처음부터 엄청난 개혁 주머니를 발목에 달고 너무 힘껏 달리다가 지금은 지쳐 있다.

그 개혁 주머니 속에는 개혁의 모습을 한 분열의 쇠조각이 더 많다. 이런 식으로 2004년 총선을 마치면 탈진 상태로 갈 가능성이 농후하다.

나는 이런 의미에서, 정치 철학적 열정으로 통렬하고 처절하게 비판했다.

'개혁과 보수의 관계'만이라도 읽어보고 새로운 개혁 철학을 바탕으로 국민들에게 안정과 기쁨을 선사해 주길 바란다.

이 책의 내용을 대통령이 읽는다면 고통스러울 것이다. 그러나 어차피 정치란 고통을 숙명으로 받아들이고, 죽음의 문턱까지 국민을 위해 뛰는 것이 아니던가.

2003년 11월
박용수 올림

차 례

1 말투

▷ 국회의원이라도 해서는 안 될 말투 · 17
▷ 말투로 인한 정치적 부담감 · 18
▷ 그런 말투가 만일 의식적이라면 · 19
▷ 대통령의 권위가 사라졌다 · 20
▷ 햇병아리가 생각났다 · 21
▷ 햇병아리의 5대 증상 · 23
▷ 도대체 무슨 계산법이 틀리단 말인가? · 24
▷ 미국은 아부를 원치 않는다 · 25
▷ 경솔한 대통령 · 26
▷ 환란의 솔직성 · 27

2 권위

▷ 권위 있는 자와 권위주의자 · 31
▷ 누구나 권위주의자로 쉽게 변질될 수 있다 · 32
▷ 대통령은 히스테리적 권위주의자? · 34
▷ 분명히 말해 둘 게 있다 · 36
▷ 향기와 악취 · 37

3 아부와 코드

▷ 아부는 지도자의 능력에 반비례하여 싹튼다 · 41
▷ 코드가 같으면 아부로 치달을 가능성이 크다 · 42

▷ 아부의 틈새를 막는 방법 · 44
▷ 능력이란 제품 속에는 개혁이나 보수, 그리고 아부 같은 부품이 없다 · 45
▷ 무능한 지도자는 아부인지 충성인지를 임기 후에 느낀다 · 47
▷ 아부의 모양새가 '개혁'이라는 단어와 맞물려 있다 · 50
▷ 어찌해서 '코드'라는 용어를 사용하는가? · 52

4 개혁

▷ 잘못된 인재 등용은 개혁에 집착한 탓 · 57
▷ 개혁을 외치면 개혁은 도망간다 · 58
▷ 개혁은 어여쁜 새악시의 뉘앙스 · 59
▷ 진정한 개혁가는 어디에 있을까? · 60
▷ 정치인은 누구나 개혁을 원한다 · 62
▷ 진정한 개혁은 보수 세력을 인정해야만 가능하다 · 63
▷ 노대통령, 당신은 변명하고 있습니다 · 64
▷ 이제는 변호사가 아니잖아요 · 65
▷ 이게 정치입니까? · 67
▷ 더 수구리 · 69
▷ 참모 교체 서둘러야 · 70
▷ 정치의 바닷속에 개혁의 물고기가 있다 · 71
▷ 개혁적 근성 · 72
▷ 근성과 철학의 차이 · 73
▷ 개혁의 얼굴은 밝아야 된다 · 74
▷ 개혁의 지름길 · 75
▷ 개혁 세력 내의 배신자 · 76
▷ 노점 옷장사의 개혁 추진론 · 77

차 례

5 개혁과 보수의 관계
▷ 개혁은 보수를 바라보며 자라난다 • 81
▷ 보수와 개혁은 정반합의 원리처럼…… • 82
▷ 국민 통합의 첫 단추 • 83
▷ 서민들의 기막힌 보·혁의 설정 • 84
▷ 개혁과 보수의 절묘한 법칙 • 85
▷ 보수파와 개혁파의 능력 편향성 • 86
▷ 알겠능교? • 88
▷ 참모진의 40퍼센트 이상을 보수파로 인선해야 하는 이유 • 90

6 소신
▷ 듣기 싫은 정치적 소신 • 93
▷ 정치에 뛰어들면 왜 작아지나? • 95
▷ '소신'의 정의를 사전에서 찾아보라 • 97
▷ 정치인들은 '정치 철학'이라는 용어를 사용하라 • 99
▷ 정치는 정치 철학의 전쟁터 • 101

7 정치 철학
▷ 훌륭한 정치인이 탄생할 수 없는 비극 • 105
▷ 사이비 정치인으로 누명쓰는 이유 • 107
▷ 정치 철학의 뼈대 • 109
▷ 시사 평론가 유 모씨 • 110
▷ 가정에도 정치 철학이…… • 111

- ▷ 정치는 타당의 극치를 찾아헤매는 작업 · 113
- ▷ 타당이 법 아래 웅크리고 있네 · 115
- ▷ 대통령이 달라지고 있다 · 118
- ▷ 얇은 지식인들의 부채질 · 121
- ▷ 햇볕이 곰팡이를 정리하듯이…… · 124
- ▷ 정치는 물과 같다 · 126
- ▷ 정치는 기묘한 쌍곡선 · 127
- ▷ 양당제의 의미를 아십니까? · 128

8 논리

- ▷ 논리를 선호하는 대통령 · 133
- ▷ 대통령은 TV 토론에 나오지 말라 · 135
- ▷ 당정 분리론 · 137
- ▷ 해답 없는 문제 · 139
- ▷ 정치의 인위성 · 140
- ▷ 당정 방조론 · 141
- ▷ 당정 협조론이 훨씬 낫다 · 143

9 지도자와 능력

- ▷ 훌륭한 지도자의 보혁 스펙트럼 · 147
- ▷ 역량 있는 지도자의 느낌 · 148
- ▷ 대통령이 생각해야 할 능력의 의미 · 149
- ▷ '제대로'라는 의미의 중요성 · 150

차 례

▷ 능력이란 야생마의 피가 흐르는 명마와 같다 · 151
▷ 선진국과 후진국이 보는 능력의 의미는 왜 다른가? · 152
▷ 정치 후진국에서나 볼 수 있는 '능력' 여론몰이 · 153
▷ 선진국의 능력 있는 자는 신임이 두텁다 · 154
▷ 여러 가지 방법이 있지 않은가 · 155
▷ 무능의 종소리가 울려퍼지는 발언 · 156
▷ 능력이라는 제품의 핵심 부품들 · 157
▷ 오매불망 · 159
▷ 정치 지도자가 존경받는 이유 · 161
▷ 능력의 분해도 · 162
▷ 개혁 실패의 그림자가 드리워지고 있다 · 163
▷ 유비가 공명을 찾듯이 · 165
▷ 비애의 침묵 · 166
▷ 축구 선수가 관중을 향해 뛸 순 없다 · 167
▷ 풋내 나는 철학 · 169

10 능력 편향도

▷ 법조계 출신 정치인의 능력 편향도 · 173
▷ 경제계 출신 정치인의 능력 편향도 · 174
▷ 학계 출신 정치인의 능력 편향도 · 175
▷ 언론계 출신 정치인의 능력 편향도 · 176
▷ 연예계 출신 정치인의 능력 편향도 · 177
▷ 군 출신 정치인의 능력 편향도 · 178

11 신당(열린우리당)

▷ 개혁 의지를 왜 비웃고 있나? · 181
▷ 소수 개혁 투사 세력 · 183
▷ 바른말이지만 올바른 말이 못 된다 · 185
▷ 무능한 지도자는 무능한 참모를 유능하게 느낀다 · 187
▷ 배추 장사보다도 넛푼수 없는 시국 · 189
▷ 화들짝 놀라 도랑 치다가 가재 잡는 형국 · 190

12 지역주의와 구 정치인

▷ 지역주의는 변비와 같다 · 195
▷ 지역주의를 부추기는 장본인 · 198
▷ 노대통령 당신은 구 정치인의 수혜자 · 200
▷ 구 정치인의 시대적 숙명 · 201
▷ 구 정치인의 위치에 서 보라 · 203
▷ 유독 정치인만 선배를 헐뜯는다 · 205
▷ 구 정치인이 젊은 정치인에게 준 선물 · 207
▷ 개혁 성공을 위해서는 '증오'를 '섭섭'으로 낮추어야 · 209
▷ 경제와 정치 · 211
▷ 전직 대통령에 대한 예우 · 212

13 언론

▷ 대통령과 박찬호 · 215

차 례

- ▷ 언론 시스템이 망가졌다 · 217
- ▷ 상업 자본주의의 노예 · 219
- ▷ 지금 언론은 흉측한 괴물 · 221
- ▷ 일원화된 언론 창구가 필요하다 · 223
- ▷ 언론과 지도자의 끝없는 알력 · 225
- ▷ 4권 분립의 시대가 왔다 · 226
- ▷ 언론 원장의 출현 · 228
- ▷ 지금 언론이 해야 할 가장 큰 과제 · 229
- ▷ 언론은 알려주지 않을 의무도 있다 · 236
- ▷ 스스로 언론 속으로 들어가서 씹혀지고 있다 · 237
- ▷ 아뿔싸, 잘못 뽑았다 · 238
- ▷ 대통령 후보 토론회 방식, 문제 많다 · 239

14 독설

- ▷ '창조적 파괴'라고 하셨나요? · 243
- ▷ 혼란 공장 공장장 · 245
- ▷ 과연 지워질까? · 247
- ▷ 개혁을 빙자한 속좁은 지도자? · 249
- ▷ 국론 분열 제조업체 대표 · 251
- ▷ 이러다간 개혁은 실패하고 만다 · 252
- ▷ 히스테리적 권위주의의 예 · 253
- ▷ 갑자기 치솟는 지도자의 인기를 조심하라 · 255
- ▷ 드라마틱한 취임 후의 비아냥 · 256
- ▷ 두 가지 유형의 배신 · 258
- ▷ 언론과의 인터뷰를 아예 말라 · 259

▷ 노대통령 개인을 싫어하진 않는다 · 260
▷ 어쩌면 이렇게 닮는가 · 261

15 인물

▷ 추미애씨는 어이가 없다 · 265
▷ 정동영씨가 잘 안 보인다 · 266
▷ 천정배씨의 아마추어리즘 · 267
▷ 김두관씨의 흉내내기 · 268
▷ 신기남씨와 유인태씨 · 269
▷ 강금실씨의 오버액션 · 270
▷ 문희상씨의 판단력 · 271
▷ 최낙정씨의 꼴불견 · 272
▷ 이창동씨는 자연인으로 돌아가라 · 273

16 개혁할 사례들

▷ '문화관광부' 명칭을 바꾸자 · 277
▷ 로또의 슬픔 · 280
▷ 양심에 털 난 언론 · 282
▷ 눈에 보이는 개혁 · 284
▷ 문화를 썩게 해서는 안 된다 · 285
▷ '안전벨트 벌금 제도'가 나를 웃긴다 · 287
▷ 최초의 흡연 금지 국가 · 289
▷ 도심 속의 곰팡이들 · 292

차 례

▷ 직계 가족 재산 몰수법 · 294
▷ 매우 큰 언론 개혁 · 296

17 재신임 결단과 노사모

▷ 충격 정치의 선구자 · 299
▷ 재신임 결단의 원인 분석 · 301
▷ 지도자와 감정 · 305
▷ 한국은 대통령 책임제 · 307
▷ 재신임의 결단으로 더 나아질 게 있나? · 309
▷ 노사모는 과연 국사모인가? · 312

1 말 투

▷ 국회의원이라도 해서는 안 될 말투
▷ 말투로 인한 정치적 부담감
▷ 그런 말투가 만일 의식적이라면
▷ 대통령의 권위가 사라졌다
▷ 햇병아리가 생각났다
▷ 햇병아리의 5대 증상
▷ 도대체 무슨 계산법이 틀리단 말인가?
▷ 미국은 아부를 원치 않는다
▷ 경솔한 대통령
▷ 환란의 솔직성

국회의원이라도 해서는 안 될 말투

노무현 대통령이 "대통령 못 해먹겠다"라는 말을 했다. 취임 후 6개월도 채 안 된 시기다.

나도 가끔 장사 못 해먹겠다고 말한다. 나는 해도 괜찮지만 국민이 선출한 노무현 대통령이 이런 말을 해서는 안 된다.

그때 라디오 방송을 듣는 순간 충격을 받았다.

그 이유는 세 가지다.

첫째, "국민이 어떻게 뽑아준 자리인데 저렇게 쉽게 내던질 수가 있는가?" 하는 착잡함이 가슴을 죄었다.

둘째, 나와 같이 그러한 언변을 싫어하는 비율이 1퍼센트만 되어도 거의 50만 명이 노무현 대통령을 싫어하기 시작하는 것이다.

셋째, 대통령의 한 마디 때문에 "들을 만하다" 하는 쪽과, "그런 식의 언변은 절대 안 된다" 하는 쪽의 논쟁이 시작되고, 국민들 사이에 괜히 감정 싸움이 유발되고 있다는 것이다.

국민에게 득이 될 게 없다.

대통령 자리는 일단 맡았으면 싫으나 좋으나 국민을 위해야 한다. 그 말은 국회의원이라도 사용해서는 안 될 말투다.

1 말투   17

말투로 인한 정치적 부담감

'대통령 못 해먹겠다'와 '대통령이란 직책이 참으로 쉽지 않다'의 차이는 무엇인가?

전자의 표현에 '솔직해서 가슴에 와닿는다', '권위주의 의식이 전혀 없다'라고 평가하는 부류가 있고, '어떻게 대통령이 그런 말투를 쓰는가? 양반 상놈 없는 미국에서도 그런 말투는 지적받는다'라고 평가하는 부류도 있다.

그런데 후자의 표현은 거의 99퍼센트 이상 문제가 없을 말투다.

특히 전자의 말투를 매우 싫어하는 부류가 앞서 말한 대로 전국민의 1퍼센트라면, 약 50만 명이 있다. 이 중 유권자가 최소한 20만 명 이상은 될 것이다.

이들은 그 말투 하나로 노무현 대통령을 영원히 씹는다. 그들은 사소한 꼬투리 하나로도 노무현 정책을 비난한다. 그 말투가 빌미를 제공하는 것이다.

노무현 대통령이 무심결에 편한 대로 사용한 말투가 지지율을 깎아내려 버렸다. 이것은 개혁 이전의 상황과 같이 근본적으로 정치를 잘못하는 형국이 되어 버렸다.

그런 말투가 만일 의식적이라면

　노무현 대통령은 그런 말투를 의식적으로 할 수도 있다.
　첫째, 서민적 향취를 풍겨야겠다는 의식이 강하면 문제되지 않는다는 소신을 가지고 내뱉어 버리는 것이다.
　둘째, 있는 그대로, 그 모습 그대로의 솔직한 정치를 꼭 한 번 해 보겠다는 표현으로 솔직성을 매우 강조하다 보니 튀어나올 수도 있다.
　셋째, '내 임기 동안에는 권위주의가 발 붙일 수 없도록 진정 보통 사람의 진면목을 보여주겠다'는 발상일 수도 있다.
　습관이라면 언어 순화를 통해 고치면 되겠지만, 위의 세 가지 이유를 가진 소신에서 비롯되었다면 참으로 비통한 것이다. 그것은 지도자의 잘못된 소신은 결국 국민을 괴롭히는 것이 되기 때문이다.
　바다에서 뱃일하고 삯으로 받은 고기 한 상자를 들고 고향으로 내려와, 고기가 상했는지도 모르고 동네 어른들에게 나누어 주는 격이라고나 할까.

대통령의 권위가 사라졌다

　노무현 대통령은 "대통령이란 직책이 참으로 쉽지 않군요"라고 품위 있게 말을 해도 귀족적이라고 평가되지 않는다.
　모습 자체가 서민적이다. 그리고 "못 해먹겠다"는 식의 말투는 사실 서민적 표현이 되질 않는다. 그것은 과격한 서민들이 흥분할 때만 쓰는 말이다.
　대부분의 서민들은 '어휴! 정말 힘들어' 정도다.
　노대통령은 솔직한 것을 매우 강조하지만, 말투가 솔직해서는 의미가 없다. 세련되고 품위 있는 말투로도 충분히 솔직함을 나타낼 수 있기 때문이다.
　노대통령은 권위주의를 정말 증오하는 것 같다. 물론 국민 모두는 그것에 공감한다.
　그러나 그러한 말투를 사용하면 권위주의와 권위가 모두 함께 사라지는 것이 문제다.
　대통령은 권력의 중앙에 위치하기에 권위는 품위와 함께 지니고 있어야 한다. 일국의 대통령은 저잣거리의 장돌뱅이가 아니지 않은가.

햇병아리가 생각났다

노무현씨와 정몽준씨가 대선 후보 단일화를 위한 토론을 한 적이 있다.

양자간의 대화 중에 노무현씨가 이렇게 말했다.

"난 아부나 하기 위해 미국에 가진 않겠다."

이 말이 나오자마자 정몽준씨의 흥분 섞인 반발이 나왔다. 정씨는 웬만해서는 감정 표출이 없는 사람이다.

"그런 말씀을 해서는 안 됩니다. 미국인도 아부하는 사람은 좋아하지 않습니다."

이 두 사람의 말투의 파급 효과를 생각하지 않을 수 없다. 그들 둘 다 최고 정치 지도자가 되겠다는 사람들이다.

물론 노무현씨의 말에 노무현 매니아들은 탄복할 수도 있었을 것이다. 그리고 전국민의 80~90퍼센트는 아마 외국 경험이 별로 없을 것이다. 대중들의 대다수는 그런 독립 투사적 화끈한 발언에 매력을 느낄 수도 있고 시원했을지도 모른다.

물론 표를 의식한 발언일 수도 있다.

그러나 나는 그 말을 듣는 순간 '햇병아리'가 생각났다.

대중들에게 순간적 매력은 줄 수 있지만 최고 정치 지도자의 꿈을 가진 사람으로서는 큰 실수를 범한 것이다. 그 이유는 이렇다.

 우선, 앞으로 대통령이 되어 미국 정치인들과의 대화에 있어서 득보다 실이 많을 것이고, 또 우리 나라 고급 정치인의 90퍼센트 이상이 미국에 간 경험이 있을 것인데, 이들은 또한 어떤 느낌을 받았을까.

 물론, 아부한 정치인도 있을 수 있다 그러나 대부분의 정치인들을 비하한 그 발언은 취임 후 1년도 채 못 된 지금 메아리가 되어 대통령의 폐부를 찌르고 있다는 걸 모르고 있지 않은가.

햇병아리의 5대 증상

"난 아부나 하기 위해 미국에 가진 않겠다."

이 말 한 마디에 노대통령을 단순히 햇병아리라고 정의하지는 않았다.

그러나, 이 말 한 마디에 햇병아리의 기본적 향취를 충분히 느낄 수 있다.

사회에서 흔히 햇병아리라고 일컫는 사람에게는 다음과 같은 5가지 증세가 나타난다.

첫째, 우쭐대는 느낌을 준다.

둘째, 현재의 발언은 공감하지만 미래의 파급 효과를 가볍게 본다.

셋째, 상대가 크다는 것은 알지만, 왜 큰지는 사려 깊게 생각지 않는다.

넷째, 자신이 작다는 것을 무의식 중에 고백한다.

다섯째, 깨끗하고, 물들지 않았다.

노대통령의 미국 발언 한 마디 속에 5가지 사항이 다 충족되어 있는 것이다.

도대체 무슨 계산법이 틀리단 말인가?

한 인간의 말투는 그 인간의 사상과 철학의 배경을 들추어낸다. 참으로 그렇다. 큰 능력을 가진 자일수록 상대방의 말투를 몇 번만 듣더라도 그의 내면을 올바르고 깊게 들추어낸다.

무능한 자일수록 상대방의 말투를 수십 번 들어도 그의 내면을 잘못 들추고 얕은 곳에서만 맴돈다.

정몽준씨는 후보 단일화 토론에서 노무현씨의 미국 아부 발언에 분명히 불쾌한 반응을 보였다. 노무현씨의 말투 속에 비추어진 노무현을 보았을 것이다.

어쨌든 여당 후보 단일화에서 노무현씨가 승리했다. 이제 정몽준씨는 노무현씨를 도울 수밖에 없었다. 그러나 대통령 선거를 몇 시간 남겨두고 정몽준씨는 노무현을 배신했다.

이회창씨의 손을 완전히 들어준 것은 아니지만 배신은 배신이었다. 왜 그는 배신했을까? 노대통령은 배신의 의미를 헤아리고 있을까? 그렇지 않다. 그는 정몽준씨를 '계산법이 다른 사람'으로 규정해 버렸다. 정치 지도자로서는 너무나 덕이 보이지 않는 솔직성이다.

지금 노대통령은 개혁을 앞세우고 국민을 불안케 한다.

미국은 아부를 원치 않는다

'아부'라는 단어는 깊이 다룰수록 구수한 진국이 나온다. 특히, 정치에 있어서는 더더욱 그렇다.

미국은 세계 경제 대국이며 선진국 대열에 있는 나라다. 국민의 의식 수준도 그렇다고 봐야 한다.

미국은 국익을 원하는 나라다.

미국은 아부를 원하는 수준의 나라가 아니다.

아부가 통하는 나라에 가야 아부할 수 있고, 아부가 통하는 지도자가 있어야 아부할 수 있다.

미국을 아부가 통하는 나라로 못을 박아 버리는 발언은 지각 있는 미국인들에게 분노를 자아내게 할 수도 있다.

특히 대통령 후보의 공개적 발언이 아니었든가.

노무현씨는 단지 개인의 국가관을 표현하기 위해 우방인 미국과 대립 각을 세울 필요가 전혀 없는 기존 고급 정치인들에게 자신도 모르게 감정 싸움을 먼저 걸어 버린 결과가 되었다.

경솔한 대통령

"민주당은 정치 개혁을 찬성하는 사람과 찬성하지 않는 사람이 있다보니 자연스럽게 갈라지는 것!"

노대통령의 말이다.

정치 지도자로서 또 한 번 크게 실언을 했다.

노대통령은 자신과 생각이 좀 다른 정치인들을 너무 깔본다.

아무리 한국 정치 수준이 낮다 한들 정치 개혁에 찬성하지 않는 정치인이 과연 몇 명이나 된단 말인가.

나는 현재 국회의원들 중에 정치 개혁에 반대하는 사람은 한 사람도 없다고 생각한다.

단지 개혁의 속도와 방향, 그리고 순서와 강약에서 서로의 의견이 다를 뿐이다.

장사꾼들도 같은 값이면 기분 나쁘게 말하지 않으려 한다.

노대통령의 말을 듣고 있는 민주당 구주류 정치인들은 너무나 치욕적이게 들릴 것이다.

그리고 민주당이 자연스럽게 갈라졌다고 하는데, 아마도 치가 떨릴 정도로 부자연스럽게 갈라진 것은 아닌지.

환란의 솔직성

노대통령은 개혁과 관계 없이 수많은 사람들을 마음 상하게 했다.

대통령이라는 직책을 음식처럼 발언하여 국민 일부의 비난을 받았고, 미국 아부 발언으로 미국과 미국을 방문한 정치인의 마음을 상하게 했으며, 언론에 대한 원색적 발언으로 언론인들의 호감을 얻지 못하고 있으며, '공무원 X새끼들'이라는 발언으로 공무원의 자존심을 건드렸으며, 개혁 반대 세력 발언으로 구주류 민주계로 하여금 피를 토하게 만들었으며,

"정부는 무너지지 않는다. 나는 대통령에서 하야하지 않는다" 라는 발언으로 국민을 어리둥절케 했으며,

'계산법이 다른 사람'이라는 비꼬는 듯한 발언으로 정몽준씨를 지지하는 사람들에게 앙심을 품게 했다.

이러한 연속적인 실언은 실언이라 말할 수 없을 정도다.

참으로 국민의 한 사람으로서 안타깝다.

지도자로서는 버려야 할 '환란의 솔직성'을 듬뿍 쥐고 있고, 지도자로서 필수적으로 가져야 할 '비애의 침묵'을 던져 버리고 있다.

2 권 위

▷ 권위 있는 자와 권위주의자
▷ 누구나 권위주의자로 쉽게 변질될 수 있다
▷ 대통령은 히스테리적 권위주의자?
▷ 분명히 말해 둘 게 있다
▷ 향기와 악취

권위 있는 자와 권위주의자

 어차피 '권위'라는 단어가 나왔으니 좀더 구체적으로 짚고 넘어가 보자.
 '권위 있는 자'와 '권위주의자'.
 전자는 그 분야에서 타의 추종을 불허하리만큼 독보적 능력을 갖추어 그의 언행에 신뢰를 느끼며 품격을 느끼게 하는 자를 뜻할 것이다.
 후자는 그 분야에서 독보적 능력 보유의 유무에 관계 없이, 독보적 위치에 올라앉아 그 위치에서의 책임은 뒤로 하고 권한만을 사용하는 자를 뜻한다 해도 무방하다.
 이러한 논법에서 볼 때, 노대통령의 말투는 권위 있는 자로 향하는 데 걸림돌이 되며, 그가 그렇게도 싫어하는 '권위주의자'로 변질될 수도 있다.

누구나 권위주의자로 쉽게 변질될 수가 있다

 노대통령이 본인이 그렇게도 싫어하는 '권위주의자'로 과연 변질될 수도 있을까?
 충분히 변질될 가능성이 있다. 그 이유는 두 가지다.
 첫째, 그가 가지고 있는 '권위주의'에 대한 개념의 폭이 좁을 때 문제가 생긴다.
 군사 독재 시절 정치 지도자의 권위주의는 좁은 의미의 권위주의였다. 민주주의가 활짝 핀 미국 사회에서도 권위주의자들이 비일비재하다.
 권위 의식을 가진 자들이 대부분 권위주의자들로 수렴된다.
 앞서 정의 내린 권위주의자의 의미를 되새기면 노대통령의 변질 가능성은 커진다.
 둘째, 그의 말투에서 느끼는 감정 통제 능력이다.
 그는 감정을 잘 수렴시켜 정리하는 세련미를 잘 갖추고 있지 않다. 순간적인 감정 표출이 심한 편이다.
 노대통령이 참모들의 무능을 서서히 깨닫게 되고, 야당이 인사 교체를 강하게 요구하는 상황이 된다면 참으로 막막하다.
 노무현의 인사 철학이 여지없이 무너져내리지 않을 수가 없을 것이다. 그렇게도 심사 숙고했고 능력을 믿었던 참모들이 세월이 조금 지나다 보니 노대통령 자신도 자신의 참모들의 무능함을 느끼게 되니 말이다.

정치 갈등의 폭이 커지고 진퇴 양난의 심각한 상황이 판단력을 흐리게 할 때, 특히 감정 굴곡이 심한 정치 지도자는 오만이 섞이게 되며, 권위주의로 변질될 가능성이 높다.

독보적 능력의 유무에 관계 없이 독보적 위치에 올라앉아 판단력이 흐려지면 책임은 뒤로 하고 권리만을 사용하는 자를 권위주의자라 정의하지 않았던가.

대통령은 히스테리적 권위주의자?

'노대통령이 권위주의자로 변색될 가능성이 있다'고 했으니 노무현 매니아들은 나를 보고 해괴하고 무지한 놈으로 손가락질 할 것이다.

그러나 지금부터 차분하게 생각 좀 해 볼까.

권위주의란 두 가지 유형이 있다고 생각된다.

첫째, 독재적 권위주의다.

최고 정치 지도자의 위치를 사용하여 온갖 권력을 가능한 한 다 쥐고 자기 나름대로 옳다고 생각하는 방향에 거슬리는 자는 목을 치더라도 앞으로 나아가며 공포 분위기를 조성한다. 이러한 권위주의는 토론을 매우 싫어한다.

둘째, 히스테리적 권위주의다.

최고 정치 지도자의 위치를 사용하여 권력을 너무 과도하게 분산시켜 놓고, 자기 나름대로 옳다고 생각하는 방향에 문제가 야기되면 뚫고 나가기 위해 토론을 즐겨하기도 한다. 그러나 그 토론은 순수한 토론이 될 가능성이 적다.

이미 진로가 결정되어 있는 주입식 토론일 가능성이 높다. 토론의 구성원이 같은 위치에 있지 않기 때문이다.

노대통령과 검사들의 토론이 그랬고, 토론의 열기가 가해질 즈음 대통령은 "이쯤되면 막가자는 것이죠"하고 말해 버렸다.

지금 코미디언들이 많이 활용하고 있지만, 이것은 토론에서 가장 금기시되는 히스테리적 반응이다.

노대통령이 감정이 상했던 부분, 이해가 상충됐던 잠재 의식의 '그래도 명색이 내가 대통령인데……' 하는 무언의 암시를 주는 것은 적절치 못하다.

이것이 바로 히스테리적 권위주의라고 나는 정의하고 싶다.

분명히 말해 둘 게 있다

 혹자는 말투 하나로 사람을, 더군다나 대통령을 '히스테리적 권위주의'라느니 하는 이색적 용어를 구사하며 한 나라의 최고 지도자를 이렇게 코너에 몰 수 있느냐고 코를 벌렁거릴 수도 있다. 틀림없는 말일 수도 있다.
 나는 지금 노대통령을 코너에 몰고 있다. 아니, 국민들도 서서히 노무현 곁을 떠나고 있다.
 노대통령에게 분명히 말해 둘 게 있다.
 정치는 현실의 기둥과 이상의 기둥을 붙들고 힘이 닿는 데까지 당겨서, 그 두 기둥이 붙게 할 수야 없겠지만 가장 가깝게 당기는 기술이다. 그 기술도 힘이 셀수록 높은 단계로 올라가는데, 이것이 정치력이 아니겠는가.
 이 정치력 중에서도 가장 중요한 근본이 설득력이다. 그런데 설득력 중에서도 가장 근본적인 것이 언어 구사력이라고 생각된다. 또한 정치적 언어 구사력에 가장 중심에서 있는 것이 품위 있는 용어 선택이다.
 노대통령의 말투를 이렇게 집요하게 물고 늘어지는 이유를 알겠는지……

향기와 악취

'권위'는 능력과 겸손을 먹고 피어나는 향기와 같다.

능력 하나만 가지고도 피어나지 않으며, 겸손 하나만 가지고도 향기가 없다.

능력과 겸손을 함께 겸비한 지도자는 아무리 익살을 부려도 권위가 사라지지 않는다.

권위 있는 자 옆에 서 있기만 해도 마음이 정돈되고, 뭔가 헌신하고 싶고, 그 지도자의 말에 귀기울이고 싶어진다.

'권위주의'는 무능과 오만을 먹고 풍겨내는 악취와 같다.

무능 하나만 가지고도 냄새가 나지 않으며, 오만 하나만 가지고도 악취는 없다.

무능과 오만을 함께 거머쥔 지도자는 농담을 해도 권위주의가 묻어난다.

권위주의자 옆에 서 있으면 마음이 불안하고, 어디론가 피하고 싶고, 그 지도자의 말에 신경이 쓰인다. 고로 권위 있는 자는 만인이 인정해 주지만, 권위주의자는 스스로만 자신을 인정한다.

노대통령은 이것을 새겨들어야 한다.

3 아부와 코드

▷ 아부는 지도자의 능력에 반비례하여 싹튼다
▷ 코드가 같으면 아부로 치달을 가능성이 크다
▷ 아부의 틈새를 막는 방법
▷ 능력이란 제품 속에는 개혁이나 보수, 그리고 아부 같은 부품이 없다
▷ 무능한 지도자는 아부인지 충성인지를 임기 후에 느낀다
▷ 아부의 모양새가 '개혁'이라는 단어와 맞물려 있다
▷ 어찌해서 '코드'라는 용어를 사용하는가?

아부는 지도자의 능력에 반비례하여 싹튼다

이제 본격적으로 '아부 만지기'에 들어가 보자.
노대통령은 아부를 좋아할까? 그런 스타일은 아닌 것 같다.
이승만 대통령은 아부를 좋아했을까?
그렇지도 않은 것 같다.
최고 지도자의 판단력이 흐려지면서 무능한 참모 순서대로 아부를 하기 시작하는 것이다.
아부와 충성은 역사 속에서 반복된다.
어떻게 보면 정치 역사는 아부와 충성의 전리품을 쌓아 놓은 것 같기도 하다. 지금도 마찬가지다.
왜 이럴까?
우리는 질문을 던지지 않을 수 없다.
정치 역사의 중앙에는 반드시 최고 지도자가 있다.
그리고 참모들이 존재한다. 그 참모들 속에서 아부와 충성이 싹튼다.
노무현 정권에서도 여지없이 싹튼다.
노대통령의 의중과 관계 없이…….

코드가 같으면 아부로 치달을 가능성이 크다

'아부 분석'은 정치 발전에 큰 영향을 준다. 각별히 참모 선택에 신중을 기한 노대통령은 현재의 참모들 중에 아부꾼은 단 한 명도 없음을 단언할 것이다. 그렇다. 지금은 그럴 수도 있다. 그러나 2년 정도 지나면 반드시 나타나고, 직접 느낄 수 있을 것이다. 어쩌면 그전에도 나올 수 있다.

앞서 말한 대로, 지도자의 의중에 무관하게 나타나며, 지도자의 정치 능력에 반비례되어 나타나기 때문이다.

참모 체질이 아부 체질이라서 나타나는 것이라고만 할 수 없다는 것이다.

지도자의 능력은 5가지로 대별할 수 있는데, 체력·판단력·결단력·설득력·친화력이다.

이 중에 특히 체력과 판단력이 흐려지기 쉬운데, 이렇게 되면 능력에 한계를 느끼는 참모들 순서로 아부 참모로 변질되기 시작한다.

정상 세포가 외부 환경으로부터 영향을 받아, 정상 세포로서의 한계를 느끼는 세포부터 암세포로 변질되는 과정과 같이. 그리고 능력 있는 참모들 순으로 아부 참모들의 득세에 고개

돌리며 조용히 참모 직책을 떠난다. 마치 암세포 주변의 정상 세포가 죽어가듯이…….

그리고 지도자마저 결단력과 설득력, 그리고 친화력이 약화되면서 참된 정치 발전의 종말을 고하게 된다.

이렇듯, 아부란 놈은 능력이 부족한 정치 지도자의 가슴 속으로 암세포처럼 쥐도 새도 모르게 찾아들어 지도자의 무능을 극대화시켜 버린다. 노대통령도 예외일 수 없다.

특히, 위험 요소가 하나 더 있다.

참모들을 정치적 능력 위주로 선별했다고는 하지만, 정치적 코드 색채가 너무 강하다. 그것은 아부적 색채를 같이 공유하고 있다.

코드가 맞는 사람들끼리 모여 정치를 한다는 것이다.

아부의 틈새를 막는 방법

 행정부의 수반으로서 '정치적 코드가 맞는 사람들과 함께 국가를 이끌겠다'는 노대통령은 국민을 불안케 할 소지가 있다. 설령 그렇더라도 참모들에게 그런 뉘앙스를 풍기지 말라고 오히려 단속해야 할 입장이다. 속된 말로 '끼리끼리' 정치하겠다는 오해를 살 수밖에 없다.
 대통령은 코드가 잘 맞지 않는 자라도 능력을 우대하며 삼고초려하더라도 참모로 영입해야 한다.
 대통령이란 코드가 잘 맞지 않는 분열된 국민을 통합시키고, 코드가 잘 맞지 않는 여야 정치인들 사이에서 연결 통로가 되어야 하며, 코드가 잘 맞지 않더라도 능력 위주의 참모들을 대거 등용시켜 불철주야 통합 코드를 생산해 내는 역할이어야 하지 않는가.
 이래야만 아부의 틈새가 줄어들 것인데…….

능력이라는 제품 속에는 개혁이나 보수, 그리고 아부 같은 부품이 없다

경제인과 정치인은 왜 다를까?

경제인의 손익 계산서는 부의 창출이 가장 우선적이다. 그 뒤에 국가와 민족과 사회 환원이 따른다. 부의 축적을 위해 참모가 중요하다.

경제인의 참모 채용 기준은 무엇인가.

능력과 코드 둘 중 하나를 선택하라고 경제 지도급 인사들에게 물어보면, 가차 없이 코드를 중시하여 선택할 것이다.

물론 능력도 중시하지만, 일단은 코드를 우선적으로 선택할 수밖에 없다.

코드 맞는 참모들끼리 모여 일치 단결하면 부의 창출에 안정성까지 보장된다. 그래서 친인척을 중요 직책에 맡기는 경우가 많다.

다른 경제인이 흥하든 망하든 자기 사업만 일취 월장하면 훌륭한 경제인으로 일컬어진다.

이에 반해 정치인들은 어떨까?

정치인의 손익 계산서는 살기 좋은 나라가 최우선적이다.

이러한 과제를 실현하기 위한 정치 지도자의 참모 등용 기준은 무엇일까?

 훌륭한 지도자는 코드와 능력 중에 능력을 우선적으로 선택한다. 야생마를 길들여 명마를 만들 듯 말이다.

 어떤 경우는 선택권이 있는 최고 지도자보다 훨씬 능력이 큰 참모를 힘이 부치더라도 코드를 무시하고 등용시켜야 한다. 친인척을 무조건 배제시켜야 한다.

 경제인은 자기 사업이 엄연히 존재하지만, 정치인은 자기 정치가 없다. 이것이 경제인과 다른 점이다.

 노대통령은 다음 참모진을 재구성할 때, 코드에 신경을 쓰지 말아야 한다. 능력 위주의 참모들로만 100퍼센트 구성하면 빠른 시일 내에 국민들이 인정하는 통합 코드가 생성될 것이다.

 능력이라는 제품 속에는 개혁이나 보수, 그리고 아부 같은 부품들이 없기 때문이다.

 노대통령은 방향만 가끔 잡아 주는 선장 역할만 하면 될 것을…….

무능한 지도자는 아부인지 충성인지를 임기 후에 느낀다

능력 없는 참모를 누가 기용하겠는가.

노대통령도 코드만 다 맞춘 것은 아닐 게다. 그러나 객관적으로 보기엔 참 대체로 무능한 것 같다. 한 사람도 눈에 보이질 않는다. 열심히 밤을 새워 고심하고 일만 저질러 놓는 기분이다. 또한 급하지 않는 부분만 골라서 매우 서둘러 처리하는 듯하다.

맑고 성실한 참모들임에는 틀림없다. 아부할 만한 사람들이 보이질 않는다.

그러나 조금 지나면 아부 참모가 하나둘 나타나기 시작할 것이다.

그 이유는 두 가지다.

첫째, 노대통령이 정치 역량이 부족하다. 정치 역량이 부족한 지도자는 정치 역량이 풍부한 참모를 하나, 둘 놓쳐 버리거나 포기해 버리기 시작한다. 예컨대 민주당 김경재씨 같은 경우다. 그는 노대통령을 위해 처절하게 도와주었던 능력 있는 정치인이다.

어쨌든 선별된 참모들은 정말 맑고 깨끗한 정부를 위해 업무를 시작했다. 막상 시작하니 참모 역할에 능력이 부족함을 깨닫는다. 잠을 설친다.

참모 본인은 본인의 능력을 알고 있으니 잘해 보려고 노력한다. 그러나 지금 청와대 참모들과 장관들도 사면 초가의 입장이다.

과거 정권에 비해 정치적 통로가 너무 협소하다. 오로지 대통령과 국민 여론밖에 없다. 이러한 정치 여건 속에 노무현만 바라보는 국가 대사(大事)가 지속되고 아부의 분위기가 충성의 탈로 시작된다.

정치 능력이 부족한 지도자는, 그것이 아부인지 충성인지는 임기가 끝난 후에 느낄 정도다.

둘째, 아부는 여름 음식에 비유된다.

그 맛있었던 음식이 하루 아침에 상해서 식중독을 일으킨다. 어제의 영양식이 오늘의 독극물이다.

넓은 의미의 아부를 생각해 보자.

능력이 부족한 참모는 자신의 부족을 감추기 위해 아부를 사용한다. 물론 독재적 권위주의 시대의 아부와는 모양새가 다르다. 그러기에 웬만한 지도자는 가려낼 수 없다.

그 참모들도 사회에서는 다들 나름대로 띈다, 난다 하는 사람들이 아니었던가. 능력을 감추기 위해서, 혹은 자리에 애착이 강해 수단과 방법을 가리지 않는다.

아무리 깨끗하고 순수한 음식이라도 하루 아침에 변질되듯이 아부를 서슴지 않는다.

권력 내부에 암투가 시작되면, 아부 세력이 자리를 잡았다는 의미다. 그들은 힘을 모아 능력 있는 참모를 밀어내기 시작한다. 무능한 지도자는 능력 있는 참모를 문제의 참모라 판단하고 정리해 버린다.

어느 시대를 막론하고 무능한 지도자 옆에 마지막까지 남아서 버틴 참모는 결국 넓은 의미에서의 아부 참모인 것이다.

유능한 지도자 옆에는 마지막까지 유능한 참모가 버티고 있는 것이다. 아부 참모가 비집고 들어갈 틈을 주지 않는다.

아부의 모양새가 '개혁'이라는 단어와 맞물려 있다

　아부하는 자는 겸손하고 예의바르며 예스맨 기질을 갖고 있다고들 일반적으로 생각한다. 그러나 넓은 의미에서의 아부는 그렇지 않다.
　앞서도 지적했지만, 아부란 참모들이 사용하지만 사실은 최고 지도자가 만들어 주는 것이 많다.
　자식이 예의바르고 겸손한 것도, 그리고 못되고 버릇없는 것도, 다 부모가 만들어 주는 것이 선천적인 것보다 더 많지 않은가.
　정치에 있어서의 참모들은 그 중요한 직책에 있으면서 능력이 부족하다고 느낄 때 즉시 사표를 제출해야 되는데, 버티려고 하는 데서부터 아부가 시작된다.
　노무현 정권은 독재적 권위주의 시대의 정권과는 다르다. 그러므로 아부의 방식과 차원이 다르다.
　겸손하고 예의바르고 예스맨이 되는 아부형과는 다르다는 것이다.
　무능한 참모라도 노정권하에서는 개혁성을 자주 강조하면 자신의 위치를 가능한 오랫동안 유지시킬 수 있다.

나는 노대통령을 히스테리적 권위주의자라고 정의했었다. 야당도, 언론도, 하물며 일부 국민들도 대통령 대접은커녕 무시하고 있다는 느낌을 강하게 받고 있다.

대접받는 것을 즐겨하지 않는 노대통령이, "그래도 내가 명색이 대통령인데"라고 히스테리적 반응을 나타내는 것은 도리어 매우 불쾌한 것이 있기 때문이다.

그것은 앞서 말했지만 자업 자득이다.

개혁을 앞세우면 앞세울수록 우선 국민 통합을 이끌어내야 한다.

대통령 취임 후 전직 대통령을 공손히 모실 수 있는(그들의 행위와 업적에는 전혀 무관하게) 정치적 큰 마음이 있어야 한다. 이러한 역량을 갖추지 않고 개혁을 완수하고자 한다는 것은 누워서 삽질해 보겠다는 것이다.

개혁적인 참모들만 붙들고 아부의 지침서를 가르치고 있지나 않는지 국민들은 불안하다.

역대 정권과는 달리 아부의 모양새가 개혁이라는 단어와 맞물려 있으니 말이다.

어찌해서 '코드'라는 용어를 사용하는가?

코드란 폭이 매우 좁은 단어다.
정치인들은 '코드'라는 용어조차 사용해선 안 된다.
물론 정치인이 아닌 사람은 '코드'라는 용어를 사용할 수 있다. 아주 즐겁게 활용해도 무방하다.
코드는 '소신'이라는 단어와 유사한 성질을 갖고 있다.
일반인들은 각자 부분적인 전문성을 가지고 삶을 영위해 나간다. 그러므로 당연히 코드가 같은 사람끼리 만나서 삶의 가치를 느끼기도 한다.
어떻게 보면 코드와 소신은 일반인들에게는 없어서는 안 될 단어일 것이다.
그러나 정치인은 총체적 전문성을 가지고 정치 무대를 기름지게 해야 한다.
개혁파들은 가능한 한 보수파들과 자주 만나 정치 무대에서 꽃을 피우는 것이다.
개혁파는 이상에 치우쳐 있고, 보수파는 현실에 치우쳐 있는 양면을 가능한 한 자주 대화하여 멋진 예술품을 만들어 내는 것이다.

그런데 어찌해서 분열을 조장시키는 '코드'라는 용어를 사용한단 말인가.
 정치 무대에서는 코드라는 용어 자체가 코드 밖의 사람들에 대한 모독이 되어 버릴 가능성이 매우 높다.
 결국 정치를 감정의 바다로 만들어 저급한 정치 무대로 끌어내릴 가능성이 매우 높다.
 매우 어리석은 용어다.

4 개 혁

▷ 잘못된 인재 등용은 개혁에 집착한 탓
▷ 개혁을 외치면 개혁은 도망간다
▷ 개혁은 어여쁜 새악시의 뉘앙스
▷ 진정한 개혁가는 어디에 있을까?
▷ 정치인은 누구나 개혁을 원한다
▷ 진정한 개혁은 보수 세력을 인정해야만 가능하다
▷ 노대통령, 당신은 변명하고 있습니다
▷ 이제는 변호사가 아니잖아요
▷ 이게 정치입니까?
▷ 더 수구리
▷ 참모 교체 서둘러야
▷ 정치의 바닷속에 개혁의 물고기가 있다
▷ 개혁적 근성
▷ 근성과 철학의 차이
▷ 개혁의 얼굴은 밝아야 된다
▷ 개혁의 지름길
▷ 개혁 세력 내의 배신자
▷ 노점 옷장사의 개혁 추진론

잘못된 인재 등용은 개혁에 집착한 탓

　대통령은 취임 후 가장 신경이 쓰이는 것이 있다. 바로 인재 등용이다.
　사실 이것만 잘해 두어도 만사 형통이 아닌가. 그러니 물론 정말 나름대로 심사 숙고했을 것이다.
　'이것만큼은 역대 정권과 다르게 하겠다'고 장담했을 것이다.
　교육부 총리는 대통령 임기와 같이 가겠다고까지 확신에 차 있었다.
　그런데 지금 노대통령은 1년도 채 못 되어 답답해졌다.
　바뀌어야 할 장관들이 눈에 보이고, 바뀌어야 할 청와대 참모진이 귀에 들린다.
　최고 지도자로서 가장 괴롭고 창피스러운 일이 인재 등용의 허점을 국민들에게 보여주는 일이다.
　'개혁'에 너무 집착한 탓일 게다.

개혁을 외치면 개혁은 도망간다

 진정으로 개혁을 원한다면 개혁을 멀리 두고, 개혁의 구도를 스케치해 나가야 한다.

 진정 아름다운 여인을 원한다면 그 여인을 멀리 두고, 서서히 가까워지려고 노력한 것에 비유할 수 있다.

 진정 수려한 산과 계곡을 그리고 싶다면 먼발치에서 확신이 설 때까지 관조해야 한다.

 지금 노대통령은 개혁을 코앞에 놔두고 개혁을 외치다 보니 개혁이 도망치고 있는 것이다.

 산과 계곡을 그리려고 산 속에 들어가고, 아름다운 여인에 집착하다 보니 스토킹이 되어 버리는 격이라고나 할까.

 개혁은 상처를 입고 보수는 더 강한 반격을 시도한다.

 국민의 50퍼센트 가까이 보수를 지지하고 있으면 노대통령은 일단 참모진들을 최소한 40퍼센트 정도는 보수 세력을 등용시킨 뒤에 개혁 작업에 들어가야 된다는 것은 개혁을 완수하려는 자의 정치 철학 제1호다.

개혁은 어여쁜 새악시의 뉘앙스

개혁은 어여쁜 새악시의 뉘앙스를 가지고 있다. 개혁은 수줍음을 많이 타고 강렬한 가슴을 가지고 있다.

개혁주의자는 대부분 맑고 깨끗하나 경험이 부족하다. 개혁의 뉘앙스가 그러기에, 국민들 속에 젊은 층은 개혁을 더 절실히 요구한다.

어여쁜 새악시의 앞날에 축복은 스스로가 만들어내기가 힘들다. 주위의 경험 많은 분들의 관심과 질타가 필요하다.

노대통령은 보수를 '주위의 경험 많은 분' 정도로 생각하는 여유를 지녀야 한다. 혹시 보수를 '개혁을 가장 꺼려하는 상징'으로 보고 있는건 아닌지. 만약 그렇다면 개혁은 실패다.

어여쁜 새악시가 주위의 경험 많은 분들의 관심과 질타가 싫어서 무시하고 살아가면 어여쁠수록 술집에 갈 확률이 많다.

진정한 개혁가는 어디에 있을까?

개혁 주창자들은 많지만 개혁은 힘들다.
개혁은 보수를 끌어안는 것!
아! 그것은 너무 힘들다.
보수주의자들 속에 부분적으로나마 내재된 개혁성을 들추고 부각시킬 수 있는, 역량 있는 개혁가는 과연 어디에 있을까?
분명히 우리 정치인들 중에 있다. 특히, 현 국회의원 중에서도 수십 명은 족히 된다. 그런데 왜 그렇게 보이지 않는가?
그들은 은은하게 빛날 뿐이며. 마음을 확 휘어잡는 말을 함부로 하지 않는 자들이다.
진정한 개혁가는 개혁이라는 단어를 절대로 많이 쓰지 않는다. 시도 때도 없이 '개혁, 개혁' 부르짖는 자를 무능한 개혁주의자로 못박아도 무리가 없다.
그러기에 진정한 개혁가는 보수주의자 속에서 나타날 수도 있고, 개혁주의자 속에서 나타날 수도 있다.
진정한 개혁의 성공자는 개혁을 자꾸 짖어대는 무리에서는 분명히 없다.
박정희 전 대통령도 개혁가였고, 세종대왕도 훌륭한 개혁 성공자였다. 그들이 처음부터 개혁주의자는 아니었다.

 왕권주의 군사독재주의 시대에도 개혁가가 있었고 개혁주의자도 있었는데, 개혁가는 개혁을 성공시켰고, 개혁주의자들은 개혁만 부르짖다 모두 실패했다.

 오늘날의 민주주의도 그 원칙엔 변함이 없다.

 노대통령도 이러한 상식적인 역사를 알고 있지 않은가.

정치인은 누구나 개혁을 원한다

개혁은 보수주의자들의 가슴 속에도 분명히 존재한다. 단지 개혁의 어려움을 누구보다도 잘 알고 있기에 머뭇거리고 있을 뿐이다.

개혁은 개혁주의자들의 가슴 속에는 확실히 존재한다. 단지, 개혁의 명료함을 누구보다도 알고 있기에 머뭇거릴 시간이 없을 뿐이다.

그것은 '어려움'과 '명료함'의 차이요, '좀 생각해 보자'와 '빨리 하자'의 차이다.

즉 정치인이라면 누구나 개혁을 원한다는 것이다.

이러한 개혁에 대한 중용의 정치 철학을 가진 정치인은 참으로 말을 아낀다. 그것은 당연한 일이 아닌가?

'누구누구는 개혁 대상 1호' 혹은 '누구누구는 보수주의의 극치' 이러한 말을 쉽게 하는 자가 있거들랑 정치를 바로 그만 둘 생각을 하라.

그러한 생각만 하여도 정치 철학적 능력이 부족함을 깨우쳐라. 국민을 위해.

진정한 개혁은 보수 세력을 인정해야만 가능하다

 지금 훌륭한 정치인은 어디에 숨어 있을까요?
 따지려니 묘하게 존대말이 나오네요.
 노대통령님, 어디에 있을까요? 너무나 궁금하지 않습니까?
 지금 노대통령을 훌륭한 지도자로 굳게 믿는 정치인들 속에도 물론 있습니다.
 아마 국가가 원하는 훌륭한 인재의 10퍼센트 정도는 될 겁니다.
 학계나 시민 단체 지도자들 중 노대통령을 날카롭게 분석, 비판하는 분들 중에도 10퍼센트 정도는 있을 겁니다.
 그리고 나머지 80퍼센트는 기존 정치인들 속에 있습니다. 구관이 명관이란 말이지요.
 이들은 한나라당에도 있고 민주당에도 있습니다. 물론 자민련에도 보입니다.
 국회의원 수도 많으니, 한나라당에 50퍼센트 이상이 아마 있을 겁니다. 아니, 한 30퍼센트라고 합시다.
 문제는 이러한 능력 있는 분들이 50퍼센트 정도가 보수 색채를 띠고 있다는 거죠.

4 개혁 63

노대통령, 당신은 변명하고 있습니다

　한나라당과 돌팔매질하고, 구주류 민주당과 칼부림해서 신당을 창당하면 인재가 있다는 겁니까?
　물론 노대통령이 노무현당을 만들 의도가 아닌 것은 저도 확실히 알고 있습니다만, 인재들이 열린우리당에 왁자지껄 참여하리라 믿는 겁니까?
　이렇게 정치판을 난장판으로 만들면서까지 개혁을 주장하면 성공하리라 확신하십니까?
　혹시 '내가 뭘 어쨌다는 거야, 나는 그럴 의도도 없고 그렇게 하지도 않았다'라고 노무현식 논법을 전개하실 건가요?
　그것 또한 법적인 증거를 제시해야 되나요.
　노대통령은 지금 정치판에 벌어지고 있는 있어서는 안 될 일들은 무조건 100퍼센트 당신의 책임이라는 사실을 인정해야 됩니다.
　노대통령은 변명을 매우 싫어하는 스타일입니다. 그런데도 당신은 당신도 모르게 변명을 하고 있는 거지요.
　좁은 시야에서 보면 당신 말이 틀림없이 맞지만…….

이제는 변호사가 아니잖아요

 노대통령님, 김문수씨 얘기를 하지 않을 수 없군요.
 개혁의 궁극적인 목표는 국민들에게 풍부한 정신 세계와 풍요로운 물질 세계를 동시에 부여해 주는 것입니다.
 개혁의 방법을 사용하든, 보수의 기질을 발휘하든, 이 두 가지를 충족시켜야 그 나라에 수준 높은 문화가 창출됩니다.
 이런 것이 목표라면 대통령은 무엇을 해야 하나요? 우선 정치 문화를 끌어올려야 합니다.
 보수·개혁의 투쟁 구조로는 정치 문화를 올리기는커녕 뒷걸음질을 칩니다
 소모적이고 감정적인 이념 분쟁이나 시시비비는 대통령이 앞장서서 막아야 합니다. 기분이 상해도 참아야 합니다.
 가슴이 터질 것 같아도 버텨야 합니다. 당장 눈알이 튀어나올 것 같아도 처연해야 됩니다. 왜냐 하면 국민들 때문입니다.
 그것은 너무나도 당연한 인내입니다. 아니 '인내'라고 말하기도 부끄러울 정도입니다.
 앞시도 말했지만 정치인은 법 위에 존재합니다. 무법자라는 의미가 아니고 법을 만들어내기 때문입니다.

대통령은 최고의 정치인입니다. 일개 야당 국회의원 김문수씨와 법정까지 가서는 안 됩니다.

확고한 법의 원칙을 세우겠다는 명분으로 집착하시는데, 국민들은 감정 싸움으로밖에 보지 않습니다.

정치인들은 법을 훌륭히 만들면 되고 법의 원칙을 세우는 것은 법조인에게 맡기세요.

이제 변호사가 아니잖아요!

김문수씨를 법적으로 걸면 김두관 행자부장관을 법적으로 걸잖아요.

이런 것들이 정치에서는 다 연결되어 있다는 것을 아시지 않습니까?

정치 수준만 떨어뜨렸다니까요.

이게 정치입니까?

"해도해도 너무 한다. 어떻게 이런 정치를 하는가?"
이것이 국민들 사이에서 나오는 탄성입니다.
그런데 더 재미난 일이 있지요.
똑같은 탄성은 한나라당에서도 합니다.
구주류 민주당에서도 합니다.
재야에서도 합니다.
청와대에서도 합니다.
노대통령도 분명히 할걸요.
김대중씨도 하고 있지요.
한나라당에서는 대통령이 너무 기본적인 정치 개념조차 없는 풋내기라 생각하지요.
민주당 역시 열린우리당을 그런 식으로 몰아붙입니다. 애비 모르는 호로자식이라고도 하지요.
열린우리당도 민주당을 보고 악취나는 구닥다리 똥물 정치인 정도로 생각하고요.
김대중씨도 노대통령을 보고 가만히 있지는 않을 겁니다.
다들 자기들 얘기가 옳고 다른 사람들 얘기는 말도 안 된다는 식이죠.

　그러나 분명한 것이 하나 있습니다.

　확실히 정치가 잘못되어 가고 있다는 것이고, 이 모든 책임은 다름 아닌 노대통령라는 것이죠.

더 수구리

'수준 높은 정치를 정말 하고 싶은데…….'
이것은 노대통령의 이상이고 의무입니다.
'왜 이리 정치 수준이 낮아질까?'
이것은 노대통령의 현실이고 책임입니다.
 이러한 상황에서 정답을 찾으려면, 간단합니다.
 공자님을 찾으세요.
 "남이 나를 몰라준다 걱정 말고 내가 남을 모름을 한탄하라."
 공자님의 말씀이죠. 곧, 동양 철학의 진수입니다
 야당이나 국민들 다수가 노대통령을 무시하고 있는 것은 사실입니다. 그래도 더 굽혀야 됩니다
 "그래도 명색이 대통령인데……."
 이런 식의 언어 구사는 더 심한 무시를 당합니다.
 부산 사투리로 말하면 '더 수구리'.
 매우 깊은 의미가 담겨 있죠.

참모 교체 서둘러야

개혁이라는 열매는 항상 나무 꼭대기에 달려 있다.

지금 노무현 정권의 참모진들은 모두 나무 꼭대기에 올라가서 열매 따는 것에 집착해 있다.

비바람이 강하게 부는 날이면 중심을 잃고 열매도 나뭇가지도 모두 꺾어지고 상한다.

열매 따는 장대를 사용해서 땅에서 서서히 따는 것보다도 훨씬 못 한 사태가 벌어진다.

열매를 따달라고 부탁한 나무 주인(국민)은 그 모습이 너무나 불안하다.

노대통령은 나무 위에 올라가 있는 참모들을 최소한 40~50퍼센트를 끌어내려야 한다.

그리고 장대를 가지고 열매를 딸 수 있는 경험 있는 참모로 대거 교체해야 한다. 그 참모가 보수파든 개혁파든 능력 위주로 교체해야 한다.

교체하기가 매우 민망스럽지만 나무 주인을 위해 지금 서둘러야 한다.

정치의 바닷속에 개혁의 물고기가 있다

 정치의 바닷속에 개혁의 물고기가 노닐어야 한다. 물고기가 바다 전체를 휘저을 수 없듯이, 개혁은 정치 무대를 혼미할 정도로 뒤흔들어 놓아서는 안 된다.
 불법 대선 자금 수사와 같은 감정의 골이 깊은 상황에서 돌출 된 정치 대개혁은 잠시 국민에게 설득력이 있을 수 있으나, 정당간의 큰 상처는 결코 아물지 않고 격렬한, 원한 정치로 치닫게 될 가능성이 크다.
 아무리 물고기가 떼지어 힘차게 노닐어도 바다가 조용하듯, 개혁은 정치 무대의 분위기를 생각하며 진행해야 한다.
 개혁은 정치 무대 전체를 뿌리뽑는 것이 아니라, 단계적으로 개조해 가는 것이다.
 개혁을 위해 정치의 기본인 대화와 타협, 그리고 화합의 원리를 파괴하거나 저버려서는 안 된다.
 지금의 개혁 세력들은 자기네들이 생각하고 있는 것이 개혁의 진리인 양 고집하는 '우'를 범하고 있다.

개혁적 근성

일부에서는 지금도 노대통령을 '배신자'라고 말한다. 노대통령 본인은 가끔 꿈 속에서 식은땀을 흘릴 수도 있다.

문제는 임기 5년 동안에 철저히 개혁만 완성하면 한 치의 문제도 없다. 그런데 개혁의 초석인 국민 통합을 위해 엄청난 심혈을 기울임에도 왜 이리 자꾸 갈라질까?

그것은 바로 개혁주의적 근성 때문이다. 이제는 진흙탕 같은 정치판에서 화합을 이끌어내야 한다.

가장 싫어하는 정치인과 사랑의 속삭임을 가질 줄 알아야 한다. 개혁적 근성을 버리지 않고서는 개혁에 실패하고 만다.

왜냐 하면 개혁적 근성이란 묘하게도 사랑의 정치보다는 증오의 정치 쪽으로 자꾸 기울어지는 근성이 있기 때문이다.

근성과 철학의 차이

 개혁적 근성과 개혁 철학은 다르다.
 개혁적 근성은 보수적 근성을 보고 보수라 생각하며, 보수성에 대한 깊은 통찰력을 가지고 있지 않다. 한마디로 보수를 잘 알지 못하며, 알려고 들지 않는다.
 보수적 근성 또한 개혁을 배척하고 개혁성에 대한 깊은 통찰력을 가지고 있지 않고 외면한다. 그저 체질적으로 맞지 않다고 단순하게 잘라 버린다.
 그러나 개혁 철학은 보수성의 깊이와 폭을 충분히 이해할 수 있는 양면성이 있다.
 보수 철학도 마찬가지다.
 개혁 철학과 보수 철학은 결국 정상에서 만난다.
 시작은 다르나, 끝은 같다.
 둘 다 개혁을 해내고 만다.

개혁의 얼굴은 밝아야 된다

지금 열린우리당의 핵심 정치인들을 보면 그 모습이 많이 경직되어 있다.

정동영씨 같은 경우는 뭔가 언론에 오르내리는 것을 꺼려하며, 숨어 있는 느낌도 준다.

지금 수적으로 열세이더라도, 개혁의 모습은 밝아야 한다.

그러나 당당한 개혁 자세가 점점 수그러지는 것 같다.

그 이유는 두 가지이다.

첫째, 개혁 핵심 인물들이 자꾸 실언을 일삼는다는 것이다. 말이 앞서면 개혁은 도망간다.

둘째, 현실적 감각을 외면하고 논리적 주장을 되풀이하는 데서 국민과 개혁 세력의 개혁 열기가 식고 있다.

정무 수석이 그 대표적인 예이다. 얼굴 자체도 매우 밝지가 못하다.

그 중요한 자리에서 개인적 취중 발언을 함부로 하고 있다.

개혁의 지름길

 인생에 대해 두 단어만 얘기해 보라고 한다면 감히 생존과 사랑이라 말하겠다.
 생존의 풍요로움과 아름다운 사랑이다.
 넘치는 부와 명예는 이 두 단어를 오염시킨다.
 찌든 가난 또한 마찬가지다.
 정치는 국민들의 인생을 즐겁고 풍요롭게 함이요, 국회는 그것을 위해 적절하고 멋진 법안을 창조하는 역할을 한다.
 추석 때 한 병에 1,200만 원짜리 상당의 양주가 동이 났다고 한다.
 이러한 것들이 언론 매체를 통해 순수한 생존과 사랑에 먹칠을 하고 있다.
 빈부 격차를 줄이는 것이 개혁의 지름길이다.

개혁 세력 내의 배신자

지금의 개혁 세력 중에서 또한 극소수의 배신자가 나올 것 같다. 약 1년 정도를 전후해서 나올 것 같다.

개혁 세력에게는 충격적인 배신자다.

'지금의 개혁 세력은 능력과 자질면에서 진정한 개혁을 할 수가 없으며, 개혁 방향도 지금 잘못되어 가고 있다'라고 외칠 것이다.

'개혁은 능력과 무관치 않다'라고 체험으로 느낀 극소수는 현재 개혁 세력의 핵심 인물일 가능성이 크다.

이것은 '배신자는 또 다른 배신자를 낳는다'라는 의미와는 다르지만, 개혁 세력에 불만을 가진 정치 세력들은 그런 여론으로 몰고갈 것은 뻔한 이치이다.

노대통령은 지금부터라도 능력 위주로 재인선하여 그들을 개혁 성향으로 유도하는 능력을 발휘하지 않으면 끝없는 소용돌이 속에 휘말리고, 마침내 개혁은 실종되고 말 것이다.

노점 옷장사의 개혁 추진론

나는 한 달에 2~3번 정도는 구청 노점 단속반에게 벼락을 맞는다. 물건을 빨리 치우지 않으면 싣고 가 버리겠다는 것이다.

옷 진열을 한 번 해놓으면 치우는 데 시간이 제법 걸린다. 식은땀이 나고 민방위 훈련(?)이 시작되는 것이다.

그래서 새로운 장소를 발굴하는 개혁 작업이 필요한 것이다. 그런데 새로운 지역에 가면 꼭 탈이 난다.

아침에 일찍 서둘러서 장소가 좋은 곳에 펼쳐 놓으면, 주위에서 신고가 들어가는 모양이다. 가는 곳마다 옷가게가 없는 곳이 없다.

좋은 장소를 물색하려는 나의 끝없는 개혁 작업(?)에 기존에 터를 닦고 있는 기득권 세력의 엄청난 저항이 뒤따른다. 섣부른 개혁은 많은 시행 착오를 내며, 개혁에 실패하기 쉽다.

그러나 좋은 장소가 있으면 일단 옷을 진열하지 않고 기다리다가 주위 사람들에게 상냥하게 물어보기도 하고, 거세게 반발을 해도 조금만 진열해서 같이 좀 먹고 살자고 부탁을 하다 보면, 조금씩 양해가 되고 결국 자리를 잡는다.

이렇듯, 개혁파들은 보수파를 설득하면서 동시에 개혁 작업을 추진하지 않으면 안 된다.

개혁 세력들의 의지와 열정만으로는 개혁은 한 발짝도 움직이지 않으며, 보수 세력을 융화시키고 개혁의 포괄성을 이해시켜서 그들을 개혁 마당에 한 발 한 발 끌어들이는 능력을 가지고 있지 않으면 안 된다.

5 개혁과 보수의 관계

▷ 개혁은 보수를 바라보며 자라난다
▷ 보수와 개혁은 정반합의 원리처럼……
▷ 국민 통합의 첫 단추
▷ 서민들의 기막힌 보·혁의 설정
▷ 개혁과 보수의 절묘한 방식
▷ 보수파와 개혁파의 능력 편향성
▷ 알겠능교?
▷ 참모진의 40퍼센트 이상을 보수파로 인선해야 하는 이유

개혁은 보수를 바라보며 자라난다

　보수는 개혁의 동반자이다.
　개혁하는 자들이 보수를 멀리해서는 안 된다.
　계란의 노란자위가 보수라면 흰자위가 개혁이다.
　분명히 서로 다른 색깔과 성분으로 경계를 두고 있지만 서로 교감하며 생명을 태동 시킨다.
　그런데 어떤 개혁주의자들은 보수를 멀리한다. 악취 나는 음식 찌꺼기 정도로 보고 있다. 그쪽을 향해 쳐다보는 것 자체로 죄의식을 느낀다고 한다. 이런 사람들은 정치를 빨리 그만둘수록 명예와 건강에 유익하다.
　개혁주의자들은 보수주의자들의 마음을 잘 이해하고 소화시킬 수 있어야만 개혁을 성공시킬 수 있다.
　보수주의자라고 단지 '개혁을 싫어하는 자'라고 생각한다면 쉽게 풀릴 것도 안 풀린다.
　보수도 개혁하는 것을 싫어하지는 않는다.
　개혁주의자들이 주장하는 개혁 패턴이 잘못되어 있다고 생각할 뿐이다. 그러한 개혁은 곧 혼란이라는 생각일 뿐이다.
　노대통령은 보수의 괴로움도 함께 괴로워해야 한다.

보수와 개혁은 정반합의 원리처럼……

 정치의 양면성은 철학적으로 매우 깊은 곳에 얽혀 있어 매우 난해하다. 그러나 그것이 뿌리가 되어 현실 정치에 표출되어 있는 것이 있다. 바로 보수와 개혁이다.
 그러므로 보수와 개혁은 사실 하나의 혈통이다. 그것은 정치에는 양면이 있다는 것을 보여주는 것이다.
 보수와 개혁은 적개심의 대상이 될 수가 없다는 철학적 근거가 된다. 보수와 개혁은 서로의 위치를 굳건히 해 준다.
 정반합의 원리처럼…….
 어떤 시기에는 보수에 힘이 실리고, 어떤 시기에는 개혁에 힘이 실려서 서로를 견제해 가며 정치 발전을 충동질한다.
 그 힘을 실어주는 것이 국민이다.
 노대통령은 이러한 정치 철학적 근거를 가지고 보수를 공격하라. 부모가 자식이 정녕 싫어서 나무라지 않듯이, 보수를 공격하라.

국민 통합의 첫 단추

 전국에 퍼져 있는 개혁주의자 여러분, 보수주의자들에게 너무 격할 정도의 심한 말들을 하고 계십니다.
 그러면 안 됩니다.
 여러분들도 생각이 또 바뀔 수도 있고, 보수주의자가 될 가능성도 배제할 수가 없기 때문이죠. 절대 그럴 리 없다고요?
 제가 보수와 개혁은 정치 철학의 한 뿌리에서 나와 갈라져 버렸다고 했지 않습니까.
 아무리 갈라져도 밑으로 내려가면 한 뿌리라니까요.
 결국 하나로 통하는 Y형 연결고리가 있다는 말입니다.
 그 연결고리를 가능한 한 빨리 찾아야 됩니다.
 이게 바로 국민 통합의 첫 단추가 될 것입니다.
 노년층은 보수를 택하는 편입니다.
 왜 그런지 아세요?
 당신들도 한번 나이 들어 보세요.

서민들의 기막힌 보·혁의 설정

갑자기 어릴 적 응원가가 생각난다.
그것에 보수와 개혁을 삽입해 보자.

'이 세상에 보수 없으면 무슨 재미로.
해가 떠도 보수. 달이 떠도 보수.
보수가 최고야.
아냐, 아냐, 개혁이 최고야.'

정치 철학을 조금이라도 생각한다면 노대통령은 이러한 분위기를 만들어 개혁의 길을 나서야 한다.

개혁과 보수의 절묘한 법칙

개혁이 오른발이라면 보수는 왼발이다.
개혁과 보수는 한몸이며, 앞으로 전진하기 위해 오른발이 허공을 가를 때 왼발은 중심을 잡기 위해 땅에서 떨어지지 않는다.
두 발 중에 한 발이 심한 상처를 입으면 절름발이가 된다.
오른발과 왼발이 리듬을 맞추지 못하면 넘어져 무릎을 깬다.
왼발은 오른발이 허공을 지나 헛발을 디딜까 불안해하고, 오른발은 새로운 땅에 발을 디딜 때 왼발이 구시대 땅에서 떨어져 나와 따르기를 원한다.
노대통령이 가장 심도 있게 사색해야 될 대목이다.

보수파와 개혁파의 능력 편향성

앞에서 정치인의 능력을 5가지로 대별해 보았다. 체력·판단력·결단력·설득력·친화력이다. 그런데 묘하게도 이 능력의 5개 항목에 체력을 제외하고, 보수파와 개혁파가 각기 다른 능력의 편향성을 지니고 있다는 것이다.

개혁파의 강점은 결단력과 설득력에 있다. 물론 판단력과 친화력도 있겠지만 결단력과 설득력이 강하다는 의미다.

개혁파는 생각이 서면 바로 결단으로 치닫는 경향이 있다.

물론 진보나 급진파는 더 심할 것이다.

보수파는 생각이 너무 과도할 때가 있어 결단의 기회를 놓치는 경향이 있다.

김종필씨가 영원한 2인자로 남아 있는 것은 결단력의 부족이었다.

이렇듯 보수파와 개혁파는 제각기 장단점을 가지고 있다.

그러므로 멋진 정치, 훌륭한 정치를 위해서는 5개항을 다 갖춘 지도자가 필요하지만, 매우 드물다.

노대통령은 본인의 부족한 부분을 참모로 채워야 한다.

판단력과 친화력이 강한 보수파들을 적어도 40퍼센트 정도는 등용해야 한다.
 개혁의 큰마음이 보수에 물드는 것으로 생각하고 있는 것은 아닌지.

알겠능교?

 하늘에는 태양과 구름이 있다.
 태양과 구름은 매우 멀리 떨어져 있지만, 사람들은 둘 사이의 조화에 경의를 표한다.
 파란 하늘에 태양이 작열하고 군데군데 흩어진 뭉게구름이 떠가면 그 조화로운 광경이 아름답다.
 올바른 국민들은 개혁과 보수의 관계를 이렇게 태양과 구름의 조화스러운 모습으로 보고 있다.
 늘 태양만 작열하는 사막은 모래만으로 가득 차 있다.
 태양과 구름이 공존하는 땅은 보배롭고 결실을 약속하는 땅이다. 태양이 바닷물을 이용하여 구름을 알맞게 만들 듯이,
 개혁을 하려면 보수가 있어야 한다. 물론 합리적인 보수일 게다.
 이것은 개혁 세력들이 보수 세력을 설득시켜 합리적 보수 세력으로 만들어야 된다는 의미이다.
 곡식이 타들어가게 되면 우리는 구름에게 빌며 기우제를 지낼 정도다. 늘 비가 오는 장마철이 되면 태양의 모습이 간절해진다.

국민들은 태양처럼 뜨거운 열정과 큰마음을 가진 창조적 개혁이 구름처럼 적절하게 태양 빛을 막아주는 합리적 보수와 융화하며 땅을 기름지게 하듯, 국민을 위하는 두 집단으로 승화하길 기대하는 것이다.
 알겠능교?

참모진의 40퍼센트 이상을
보수파로 인선해야 하는 이유

  노대통령의 참모진 둘 중에 최소한 40퍼센트 정도는 보수파에서도 인선되어야 한다고 앞서도 강조해 왔다.
  아니 그 이상, 즉 보수파 60퍼센트로 인선해도 능력 위주로만 한다면 최고 지도자가 개혁파이기 때문에 개혁이 충분히 가능하다는 것이다.
  참모진들이 개혁파 일색일 때의 개혁 성공률보다 최소 40퍼센트 정도의 참모진을 보수파로 인선했을 때의 개혁 성공률이 더 높다. 그 이유는 두 가지다.
  첫째, 보수파의 가슴 속에도 개혁의 피가 흐르고 있다는 것이다.
  둘째, 개혁 저항 세력의 반대를 위한 반대를 막을 수 있다.
  그리고 보수파의 마음을 누그러뜨릴 수 있기 때문에 개혁 달리기에 속도가 오히려 붙게 된다.
  개혁파 일색의 참모진 구성은 개혁 전쟁터에 나가는 아군이 모두 창만 들고 나가는 형세다. 방패 전문가들도 그 속에 있어야만 올바른 개혁 전쟁을 치를 수가 있다.
  이것이 개혁의 융통성이며 이율 배반성이다.

6 소 신

▷ 듣기 싫은 정치적 소신
▷ 정치에 뛰어들면 왜 작아지나?
▷ '소신'의 정의를 사전에서 찾아보라
▷ 정치인들은 '정치 철학'이라는 용어를 사용하라
▷ 정치는 정치 철학의 전쟁터

듣기 싫은 정치적 소신

'정치적 소신'이라는 말을 정치인들에게서 자주 듣는다.

자신의 뜻을 굽히지 않을 때 많이 사용한다. 어떻게 보면 겸손한 것 같기도 하다.

그러나 그 겸손 속에 숨어 있는 무기력함을 통탄하지 않을 수 없다. '통탄'이라는 용어를 사용하니까 독자들은 '무슨 그리 심한 말을……' 하고 의아해할 것이다.

그러나 차근히 풀어보자.

나는 정치적 뜻을 굽히지 않고 자신의 정치 철학적 입장을 밝히는 정치인을 가끔씩 본다. 그러나 그들 입에서 나오는 용어는 '정치 철학'이 아니라, '정치적 소신'이다.

정치 철학이라는 용어에 자신감이 없는 것일까? 겸손의 극치일까?

사실 소신이란, 싸가지없는 조직 폭력배의 우두머리들도 나름대로 가지고 있다. 돈 잘 버는 장사꾼에게도 대단한 소신이 있다.

정치인이 이런 허약하고 철학성이 없는 용어를 가지고 자신의 의지를 표현한다는 자체가 너무 약하다.

오늘날 정치인들은 구시대 왕권주의 지도자들보다 정치 철학이 너무 약하고 볼품없다. 그들은 두레박줄이 짧은 줄도 모르고 깊은 우물물을 퍼내기 위해 안간힘을 쓰고 있을 뿐이다.

정치에 뛰어들면 왜 작아지나?

정치인들의 과거 직업들을 보면 다양하다.
법조인·언론인·경제인·소설가·연예인.
그들은 정치하기 전에는 그 분야에서 나름대로 이름이 있었던 사람들이다.
참 잘할 것 같은 양반들이 정치에만 뛰어들면 바보같이 보이고, 영 아닌 것은 왜일까?
대통령 자리에 올라가면 더 그렇다.
그 이유는 두 가지다.
정치 환경과 정치 철학의 빈곤이다.
전자는 본인의 책임이라 할 수 없지만, 후자는 본인의 책임이다.
구시대 왕권주의의 지도자의 10퍼센트도 채 되지 않는 정치 철학을 가지고 있다.
정치 철학은 가르치는 곳도 없이 체득해야 한다.
정말로 정치를 하기 전에는 정치 철학을 배워야 한다.
정치 철학이 무엇인지에 대한 자신감이 없으니, 늘 하는 말이 '정치적 소신'이다.

나는 이것만큼은 정치인들을 향해 정말 비아냥거리고 싶다.

빌어먹는 거지도 굶으면 굶었지, 도둑질은 하지는 않겠다는 굳은 소신은 가지고 있다.

정치 분야 말고 다른 분야에서는 소신이란 용어가 매우 적합하지만, 정치인들은 '정치적 소신을 가지고 있다'든가, '소신껏 했다'는 등의 용어를 사용한다면 너무나 생각 없이 정치에 뛰어든 것이다.

'소신'의 정의를 사전에서 찾아보라

정치인들은 '소신'이라는 용어를 사용해서는 안 된다.
이것이 다른 직업인들과 다르다.
소신을 사전에서 찾아보면 '자기가 믿고 생각하는 바'라고 정의되어 있다.
그 뜻은 그 앞에 '남들에게 피해를 주든 말든', 또는 '남들이 뭐라 하든', 또는 '철학이 있든 없든'이라고 하는 전제가 생략되어 있다고 볼 수도 있다. 정치인으로서의 '남'은 국민을 뜻할 때가 많다.
정치 철학이 깊은 자라면 '소신'이라는 말을 도저히 쓸 수가 없다. 너무너무 창피스러워서 쓸 수가 없는 것이다.
'소신'이라는 말을 자주 사용하는 정치인들은 정치 철학의 빈곤 때문이다.
다른 분야의 직업들은 일단 나를 위해 하는 경우가 많지만, 정치라는 직업은 절대로 나를 버리고 하는 직업이기 때문이다.
나는 여태껏 살아오면서 정치인들이 '소신'이란 말을 너무나 많이 사용하는 것을 보아왔지만, '정치 철학'이란 말을 사용한 정치인은 들어본 적이 없다.

그러니 정치가 늘 제각각이다.

소신이라는 말을 사용하는 정치인들이 많은 나라의 정치 수준은 더 이상 볼 것이 없다.

'대화와 타협'을 늘 강조하면서 늘 '자기가 믿고 생각하는 바'를 고집한다.

지금 노대통령도 예외일 수 없다.

정치인들은 정치 철학이라는 용어를 사용하라

정치인들은 '정치 철학'이라는 말을 왜 사용하지 않는가?
그것에는 두 가지 이유가 있다.
첫째, 철학이라는 용어에 대한 잘못된 인식을 가진 대다수 국민에게 설득력을 잃을까 걱정하는 협소한 정치 소신을 가지고 있기 때문이다.
사실 정치 철학이 없는 정치인이 정치 철학을 운운하면 국민들은 개똥 철학 정도로 여긴다.
이러한 잘못된 개념을 불식시키기 위해서도 정말 나라를 이끌 능력을 가지고 있다고 자부하는 정치인은 '정치 철학'이라는 용어를 써야 한다.
국민들에게 젖어드는 것이 아니라, 국민의 정치 개념을 이끌어 주는 것이 훌륭한 정치가 아닌가?
둘째, 정치 철학의 개념을 진정으로 깊이 사고해 본 정치인을 거의 찾아보기가 힘들다는 것이다.
철학이란 자연의 심오한 이치와 인간 삶의 가치를 더불어 연구하는 가장 기본적 학문이라 정의할 수 있다.
정치 철학이란 이러한 기본적인 학문을 체계적으로 터득한 후에 그것을 정치에 흡수 반영시킨다는 것이다. 이제는 정치 소신과 어떻게 다른지 확연히 드러나고야 말았다.

정치인들이여, 반성하라.

정치는 정치 철학의 전쟁터

 정치 철학과 정치 소신은 국민들에게는 비슷하게 느껴진다.
 오히려 '정치 소신'이라 표현하면 겸손하게 느끼고 '정치 철학'이라 표현하면 건방지게 생각하기도 한다.
 그러나 어차피 정치를 하면서 욕을 들어먹는다면, 이 용어만큼은 건방지게 표현하라.
 정치 소신과 정치 철학의 용량을 비교한다면, 조그마한 연못과 바다에 비유된다. 정치 소신을 운운하는 정치인은 장대낚시밖에 할 수가 없다.
 정치 철학을 부르짖어야 국민을 위해 무언가를 크게 낚을 수가 있다.
 요즘 대형 건물을 짓는 데는 설계도가 기본 중에 기본이다.
 정치 소신을 가지고 정치하려는 자는 건물을 짓는 데 설계도도 없이 잘 지어보겠다고 밤잠 설치는 정치인이다.
 정말 국민과 자신을 위해 최선을 다해 보지만 돌아오는 메아리는 비극적일 것이다.
 정치는 소리 없는 아우성이요, 정치 철학의 전쟁터다.
 설계도 없이 건물을 지으려 하듯, 완전 무장의 의미도 모르고 맨몸으로 소총 하나 달랑 들고 적진을 향해 뛰어드는 의지는 비극적일 수밖에 없지 않은가.

정치 철학이 빈곤했던 전직 대통령들만 보아도 충분히 알 수 있지 않은가. 그들은 정치 소신만큼은 뚜렷한 자들이었다.

노대통령님, 앞으로 '정치 소신'이라는 말은 쓰지 마십시오.

7 정치 철학

▷ 훌륭한 정치인이 탄생할 수 없는 비극
▷ 사이비 정치인으로 누명쓰는 이유
▷ 정치의 뼈대
▷ 시사 평론가 유 모씨
▷ 가정에도 정치 철학이……
▷ 정치는 타당의 극치를 찾아헤매는 작업
▷ 타당이 법 아래 웅크리고 있네
▷ 대통령이 달라지고 있다
▷ 얇은 지식인들의 부채질
▷ 햇볕이 곰팡이를 정리하듯이……
▷ 정치는 물과 같다
▷ 정치는 기묘한 쌍곡선
▷ 양당제의 의미를 아십니까?

훌륭한 정치인이 탄생할 수 없는 비극

　정치 철학은 사실 난해하다. 너무나 난해하다. 학문 중에서 가장 끝이 안 보이는 학문이다.
　정치를 공자는 무엇이라 했는가. '타당의 극치'라 했다.
　노대통령은 정치를 '논리의 극치'로 보고 있는 것 같다.
　타당과 논리는 철학과 소신 정도의 차이다.
　논리는 타당의 1퍼센트도 되지 않는 폭과 깊이에 불과하다.
　논리는 날카로운 이성만으로도 완성될 수 있지만, 타당은 완벽한 오감에 성숙된 철학을 가미해도 다다르기 쉽지 않다.
　날카로운 사건 논리로 정치를 펼쳐나가면 잠시 국민들의 인기가 치솟는다.
　언론은 정치적 사건 위주로 정치인을 기사화시킬 뿐 정치적 능력 위주의 기사를 쓸 수 있는 여건을 성숙시키지 못했기 때문이다.
　그리고 지혜로운 정치 철학으로 정치를 펼쳐나가면 짧은 세월 속에서는 국민들에게 인기도 없거니와 주변 정치인들에게도 양비론적 정치인으로 오해받기 십상이며, 크게 환영을 받지 못하지만 시간이 지날수록 정치력이 점점 나오기 시작한다.

깊은 정치 철학을 소유한 정치인일수록 환란이 많으니, 이것 또한 정치의 이율 배반성에 해당한다.

중국의 등소평의 정치 역정을 생각해 보라.

사이비 정치인으로 누명쓰는 이유

꼭 정치에 몸을 담고 있지 않아도 인간의 삶 자체가 난해하다. 올바르고 깊은 철학을 지니고 사는 사람 역시 주변 사람들에게 짧은 세월 속에서는 오해를 사는 일이 왕왕 생긴다.

철학을 깊이 이해할수록 왜 이러한 오해의 불씨가 날아오는가. 그것은 철학의 자연성과 인위성 때문이다.

철학의 정의를 앞에서 적었듯이 자연의 이치와 인간의 삶에 대한 가치를 더불어 생각하다 보니 덜 익은 철학으로서는 엄청난 혼란이 야기된다.

자연과 인간의 양면을 타당하게 정리하다 보면 어쩔 수 없는 이율 배반성을 느끼게 되는데, 이 두 가지를 타당의 극치로 가져가는 과정에서 극도의 혼미에 빠질 수도 있다.

그러나 종국에 가서는 깊은 철학이 주변을 안정시키고 정돈시킨다. 이러한 고통의 과정 때문에 일반인들이 철학을 애매모호한 말장난 정도로 치부해 버리고 거부감까지 갖는 이가 적지 않다.

정치인들도 마찬가지다.

정치 철학의 폭과 깊이에 힘이 부치고 국민들도 크게 관심이 없으니, 우선 매우 반응이 좋은 정치 소신에 매달리는 것이다.

오늘날의 정치인 중에서 어느 누구를 막론하고 정치를 시작할 때는 국가와 민족에 대한 숙연함으로 잠을 이루지 못했을 것이다.

그러나 세월이 흐른 후 왜 대부분이 국민의 증오 대상이며, 사이비 정치인으로 몰락하는가?

그 원인은 정치 철학의 부재인 것이다.

정치 철학의 뼈대

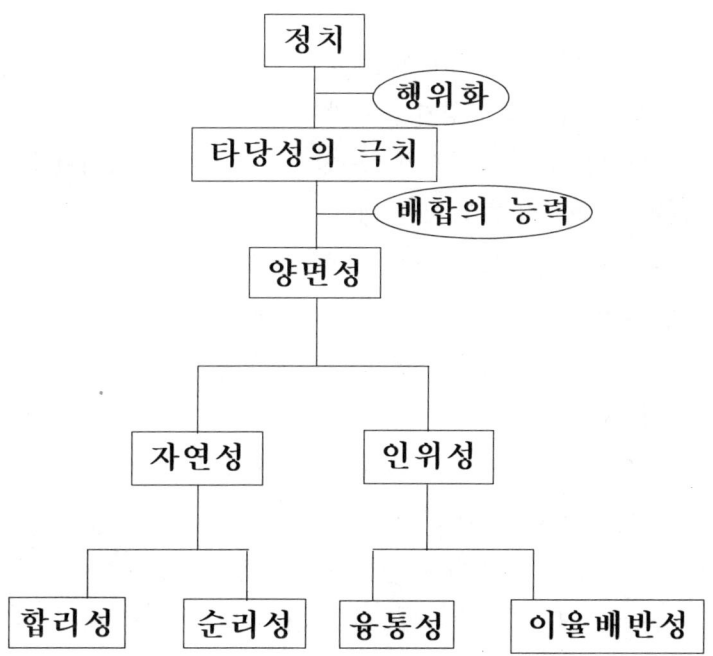

7 정치 철학

시사 평론가 유 모씨

 정치는 합리와 순리로만 되는 것이 아니다. 그것은 자연성이라는 단면만 바라보고 정치할 수만은 없다는 의미다.
 정치는 인간이 하기에 어쩔 수 없이 인위성이 추가되어야 한다. 그것이 곧 융통성과 이율 배반성이다.
 개혁주의자들은 이러한 인위성에 고개를 젓는 경우가 많다. 체질에 맞지 않는다는 이도 있을 것이다. 개혁주의자들은 합리와 순리만으로 정치가 충분히 가능하다고 믿는 경우가 많다.
 그러한 단명성은 잠시 국민의 지지도만 올릴 뿐이다.
 개혁당의 기치를 걸고 국회의원으로 당선된 시사 평론가 유 모씨도 인위성(융통성과 이율 배반성)보다는 자연성(합리와 순리)에 절대적으로 치중하며 정치 활동을 할 것 같다.
 그는 지금 보수주의자들이 '너무 답답하다'는 생각을 지니고 있을 것이다.
 그러나 정치의 양면성을 타당하게 지니고 있지 않는 한 정치에 대한 그의 열정은 점점 쇠퇴해 가고 자신의 나약함이 어디서 오는지도 모르고 혼란의 늪으로 치닫게 될 것이다.
 그렇게 많은 지식을 가지고서도…….

가정에도 정치 철학이……

정치는 왜 자연성(합리와 순리)만으로 되지 않고 인위성(융통성과 이율 배반성)과 함께 어우러져야 하는가?
그것은 꽃과 꽃받침의 관계다. 자연성 속에 들어 있는 불순한 인위성과 인위성 속에 들어 있는 순수한 자연성을 접목시키기 위해서다.
한 가정을 예로 들어보자.
원만한 부부 관계가 20년 만에 몇 번의 외박으로 혼란에 빠졌다. 남편의 외도에 부인은 증거물을 확보했다.
20년 동안 착실했고 자녀에게도 충실한 아버지였다. 남편은 지금 참회하고 있다. 그러나 부인은 이혼과 이해 두 갈래 길에서 고민에 빠진다.
즉, 자연성(합리와 순리)과 인위성(융통성과 이율 배반성)의 가장 타당한 포인트를 찾고 있는 것이다.
부인도 지금 한 가정을 두고 양면성의 철학으로 고민하고 있는 것이다. 일컬어 정치적 형국이다.
법을 어겼으니 순리대로 고발하여 자동 이혼이 될 수도 있고, 이율 배반적 행동을 한 남편이 역겨워도 20년 동안의 착실함을(법에는 참작이 되진 않지만) 생각하여 융통성을 발휘할 수도 있다. 거기에서 가장 타당한 결정을 위해 고민하고 있는 것이다.

정치는 '타당의 극치'를 찾아헤매는 작업

어릴 적 배고픔은 진정한 배고픔을 느낄 수 없습니다.

지금 386세대는 배고픔의 세대를 진정으로 느끼지는 못합니다. 고로 구 정치인을 부분적으로 잘 모르고서 규정짓고 있습니다.

구 정치인을 낡은 냄비 조각 정도로 보는 열린우리당 정치인들은 정치 철학의 근본을 다시 한 번 공부해야 합니다.

동서양의 철학서를 넘나들어야 합니다.

항상 왼손에는 철학서를 들고 다녀야 합니다. 특히 〈사서〉는 기본이지요.

'온고지신'이란 고사성어를 아시지요.

그들의 낡음을 한탄치 말고, 그들의 낡음을 헤아려야 합니다. 그리고 그 속에서 새로운 심지를 뽑아내는 것이죠. 분명히 배울 것이 있습니다.

노대통령을 지지하는 젊은 정치인들은 정치를 맑고 깨끗하고 명료하게 해 보려고 노력합니다. 물론 이 시점에서는 그렇게 생각하지 않으면 안 됩니다.

그러나 맑고 깨끗하게는 할 수 있지만, 명료하게는 잘 안 됩니다. 정치는 타당의 극치를 찾아헤매는 작업입니다.

 타당의 극치는 명료하게 딱딱 잘라지지 않습니다.

 정치 철학이 부족한 자나 정치 능력이 부족한 자에게는 정치가 명료하게 보입니다.

 그러니 자신 있게 막말을 합니다. 자신의 발언 자체가 명료하니까요.

 그러나 머지않아 혼란과 좌절의 메아리가 들려오지요.

타당이 법 아래 웅크리고 있네

　노대통령은 지도자의 깊은 경험이 없이 대통령에 취임한 후 안기부의 개혁과 검찰의 독립성을 위해 자신 있게 연결고리를 끊었다. 구시대 정치의 청산 대상 제1호로 본 것이다.
　개혁을 선호하는 단순한 국민들은 환호한다.
　그러나 풋내 나는 정치를 시작한 것이다. 아마 앞으로 엄청난 정치 무대의 대혼란이 시작될 것이다.
　그 이유를 신체 구조로 설명해 보자.
　뇌를 정치, 간을 검찰로 비유해 보자.
　간은 분명히 뇌로부터 독립되어 있지만 연결되어 있다는 사실이다.
　노대통령의 검찰 독립의 의미는 정치와의 완벽한 단절이다.
　쉽게 말하면 사람의 몸 속에 있는 간을 잘라서 밖으로 내놓은 상태다.
　검찰로 비유된 간이 문자 그대로 배 밖에 나온 것이다.
　뇌와 간처럼 독립되어 있으나 서로의 주고받는 연결고리가 있어야 한다.
　청와대와 검찰은 완전 단절 상태가 오래 지속될 수도 없고

되어서도 안 된다.

몸 속에 간이 사라졌으니 뇌의 피로는 갈수록 축적되고 어느 날 갑자기 다시 집어넣지 않고는 안 될 것이다.

이러한 웃지 못할 현 상황은 노대통령이 권력에 대해 쓸데없는 오해를 받기 싫어서 아예 잘라 버린 것이다.

한 마디로 신체 구조 자체도 모르는 무능의 소치다.

이러한 일들은 정치가 아니다.

청와대와 검찰 사이의 연결고리가 반드시 있어야 된다.

능력 있는 대통령이라면 그 연결고리를 개인의 권력 유지를 위해 사용하지 말고, 오직 진정한 국익을 위해 당당히 사용하면 되는 것이다.

이것이 바로 정치의 양면성이 아닌가.

필요하다면 대통령은 검찰을 향해 정치적 선택을 공개적으로 할 수 있는 큰 어른이다.

국민이 뽑은 대통령이 아닌가.

독립된 검찰도 때로는 그것을 바라고 있을 수도 있다.

지금 정치 비자금 사건으로 온 나라가 뒤숭숭하다.

국민들은 정치인을 무엇으로 보겠는가?

지금 노대통령은 검찰 독립 운운하다 보니, 검찰을 향해 어떤 말도 하지 못하고 있다.

현재 검찰의 '더러운 곳 파헤치기'는 끝도 없을 뿐 아니라, 경제에 큰 타격을 줄 가능성이 크다.

이럴 때 대통령은 국익을 위해 검찰을 향해서 한 마디 해야 한다. 오해받는 것을 두려워하는 것 자체가 최고 지도자의 무능을 드러내는 것이다.

검찰은 옳고 그름만 따질 수밖에 없다. 그들은 법 테두리 내에서만 움직일 수밖에 없다. 때로는 국익에 전혀 도움되지 않는데도 원칙대로 할 수밖에 없다.

그러나 정치는 옳고 그름의 차원을 넘어서야 한다.

타당의 극치를 따지는 것이 아닌가.

옳고 그름만 따지고 있으려면 법조인이나 하지 뭐하려고 정치 무대에 나섰는가?

그렇게 막가는 정치판을 만들다 보니 정치인들은 온갖 의심을 다 받는 파렴치범의 수준으로 전락되고, 모두 할 말도 할 수 없는 지경에 이르렀다.

타당이 법 아래서 웅크리고 있으니 무슨 정치가 되겠는가.

검찰 독립이 아니라 고삐 풀린 검찰이 될 것이고, 정치인들은 뿔에 받칠까 두려워 혼비백산이고, 정치 무대의 대혼란이 올 수밖에 없지 않는가.

정치 철학의 부재는 이렇듯 대혼란을 초래한다.

그리고 무능한 최고 지도자는 왜 자꾸 이러한 대혼란이 일어나는지 그 이유조차도 모르고 있는 것이다.

대통령이 달라지고 있다

2003년 11월부터 대통령이 달라지고 있다.

노무현씨는 '권력을 버린다'는 표현까지 해가면서 검찰 독립을 강조해 왔다. 거의 검찰과 단절에 가까운 소신이었다 그러던 그가 검찰의 불법 대선자금 수사에 공개적이고 구체적으로 깊숙이 개입하기 시작했다.

'정치 최고 지도자와 검찰은 독립성은 유지하되 연결고리는 있어야 된다'는 나의 정치소견으로 바뀌었단 말인가.

노대통령은 극단적인 당정 단절론으로 느낄 정도로 소신이 뚜렷했던 '당정 분리론'도 달라지고 있다

열린우리당 이상수 사무총장과 대선 자금 공개와 관련해서 막후 교섭이 있었다.

'당정 협조론'을 매우 강조했던 나의 소견으로 바뀌었단 말인가.

'권력은 권력의 길이 있고 언론은 언론의 길이 있다'고 했던 약간의 감정이 섞인 듯한 노대통령의 소신도 달라지고 있다.

갑자기 편집국장들을 청와대에 초청했다. '사이좋게 지내자'는 의미다.

'언론의 통로를 하나로 결집된 연결고리가 꼭 필요하다'는 나의 소견으로 바뀌었단 말인가?

이러한 변화는 이 책 속에 누누이 강조해 왔던 나의 소견과 겉모습은 일치하나 시기적으로 어쩔 수 없는 전략적 임기 응변일 가능성이 매우 크다.

취임 후 줄곧 지켜왔던 그의 편협된 정치 소신의 변화라면 바람직하지만 앞으로 전개될 총선 정국을 겨냥한 변화였다면 그것은 변질이다.

'까마귀 날자 배 떨어지는 식'의 변화는 '변질'로 봐도 무방하다. 광주에 내려가는 것은 문제가 되지 않지만 '광주는 제2의 고향'이라는 호소력을 가진 발언은 총선 정국에서는 온당치 않다.

'불법 대선 자금 실상을 국민에게 낱낱이 밝히고 이해시킬 필요가 있다'는 그의 발언은 국민 여론을 등에 업고 검찰이 전면 수사하라는 강력한 충동질이다. 국민을 생각하는 겉마음과 총선 실익을 유도하는 속마음이 버무려진 잘못된 검찰 개입 발언이다.

대통령은 국익을 위해 때로는 검찰을 향해 정치적 개입을 공개적으로 할 수도 있다.

그러나 최도술씨 비리로 촉발된 무책임한 재신임 정국을 초래한 노대통령의 철저한 전면 수사를 촉구한 공개적 메시지는 아무리 국익을 위한 괴로운 결단이라 하더라도 대통령 자질을 의심케 하는 의도적 치사함이 묻어나옴을 느낀다.

표풀리즘도 때로는 필요하고 개혁도 시급하지만 정치 최고 지도자가 정치 무대에서 정치인과 상대하여 수준 있는 개혁을 진행시키는 능력은 멀리하고, 국민과 검찰을 업고 정치인의 자존심마저 무차별 공중 분해시켜 버리는 작금의 정치 상황은 개혁 시대라기보다는 정치 위기 시대로 보인다.

　이것을 쉬운 예로 설명해 보자면 다음과 같은 이야기다.·

　교실에서 선생님이 학생들을 가르치고 있다.

　학습 분위기가 어수선한 가운데 가장 힘 좋은 학생이 아예 엎드리고 자는 모습을 발견한 선생님이 기분이 상해 학습 분위기 쇄신 차원에서 '모두 10분간 두 손 들기' 벌을 내렸다.

　그리고 잠시 교무실에 가 있는 동안 반 이상의 아이가 팔이 아파서 내렸다가 다시 올리는 위반 행위를 했는데, 선생님이 교실로 다시 들어오자 전체 벌을 촉발시켰던 그 학생이 위반 행위를 고자질했고(벌을 받으려면 확실히 받아야 된다면서), 단순히 학습 분위기를 세우려 했던 선생님은 어쩔 수 없이 학생들을 운동장으로 나오게 하여 '집단 구보'라는 강한 체벌을 가하게 되며, 그 이후로 그 반의 교실 분위기 참으로 험악해져 버렸다.

얇은 지식인들의 부채질

'모든 비리를 이번 기회에 싹 쓸어내야 정치 개혁이 가능하다.' 요즘 언론을 통해 이구 동성으로 내지르는 지식인들의 소리다

어느 누군들 이 소리에 반기를 들 수 있단 말인가.

만약 반기를 드는 언론인이 명쾌한 칼럼으로 신문 지면을 할애했다면, 그리고 그 논리가 아무리 지혜롭고 반론의 여지가 없는 명칼럼이라 하더라도 저주의 화살을 받을까 두려울 정도의 여론이다.

노대통령은 의도적이든 그렇지 않든 여기에 순풍을 타고 있다. 그러나 지금부터 반론을 제기하겠다.

부패 정치인을 옹호하기 위해서도 아니고 재벌의 입장을 이해해서도 아니다.

하루하루 먹고 살기조차도 힘들지만 반론을 제기하지 않을 수 없는 용트림이 생긴다.

그것은 얇은 지식인들의 맑고 바른 소리 때문이다.

그러나 그것은 구수하고 올바른 소리라고 할 수 없다.

그들은 그들의 부분적 전문성과 상식만으로 앞으로 전개될

정치 상황은 고려치 않고 오로지 바른 소리만 하고 있다.

신문에 칠갑을 하고 있다.

지식인의 '옹졸한 바른 소리'라도 대중은 '바른 소리'로 듣게 되고, 이것이 여론 정치가 되어 정치 무대를 엄습하게 되면 정치인들은 꼼짝달싹할 수 없게 되며, 그들은 '비애의 침묵' 속에 빠져들게 된다.

정치란 끝없이 야기되는 문제를 해결하기 위해 문제를 끌어안고 살아가야 하는 것이기에, 올바른 일도 국민들에게 큰 오해를 불러일으키는 사건은 비일비재하다.

'진정으로 정치를 알고 있다'고 확신을 가지고 있는 지식인이라면 요즘의 정치 상황에서의 정치적 발언은 매우 신중을 기하거나 삼가는 것이 국민을 위하는 일이라 생각한다.

'대선 자금 비리'라는 단편적 사실로 정치인 전체의 부패 척도로 규정해 버리려는 얇은 지식인들의 여론몰이는 정치판 대부분을 부패덩어리로 오판하고 있는 노대통령의 시각과 일치한다. 이것은 '뿌리 찾기'에 무심한(철학이 결여된) 위험 천만한 발상이다.

정치인의 대다수가 무엇이 그리 썩어 있단 말인가.

나는 해마다 재산 공개를 하며 항상 시선이 집중되는 국회의원의 개인 착복 비리보다는 지금 정치인을 향해 칼을 세우고 있는 검사들(전국 검사들을 의미함)의 개인 착복 비리가 훨씬 심각하다고 생각된다.

'어떤 불법을 저질러서라도 대통령을 만들어 내야 한다'는 정치 관행만 바로잡히면 현재의 국회의원들은 극소수를 제외하고는 아직 괜찮다.

이번에 엄청난 홍역을 치렀으니 사사건건 법 위에 올려 더 이상 정치인 망신 그만 시키고, 위기적인 정치 무대를 이제는 정치인이 주체가 되어 풀어나가야 된다. 노대통령부터 그 방향으로 앞서 가야 될 텐데 반대 방향이다.

지식인들도 1,000명 이상의 정치인들과 기업인들에게 유죄판결을 받아낸 이탈리아의 '안토니오 디 피에트로' 검사의 담력과 용단이 부럽게 보일 테지만, 이탈리아의 정치 상황과 한국의 정치 상황은 부패의 정도나 수사의 초기 발단 사유가 다르다는 것을 국민들에게 알리는 것이 '싹쓸이 감정'보다 더 바람직스러운 일이다.

정치란 불리할 때일수록 철학으로 가야만 백년 대계를 세우나, 전략으로 유리해져 봐야 백일 천하로 막을 내리게 된다.

얇은 지식인들의 옹졸한 정치적 열정이 2004년 총선에 마음이 급해져 판단력이 흐려진 노대통령의 변질을 위장하는 데 명분을 주었고, 이것은 노대통령의 편견적 정의감을 더욱더 부채질할 것이다.

햇볕이 곰팡이를 정리하듯이……

정치는 파란 하늘을 보면서 환한 얼굴로 하는 것이다.
비록 정치 환경이 시궁창이라 하더라도 썩는 냄새가 코를 찌르더라도 표정이 밝아야 된다.
그것은 환경 미화원을 보면 알 수 있다. 그들은 더러운 쓰레기를 치우는 직업이지만 천직으로 알고 있다.
나는 환경 미화원이 쓰레기를 치우면서 인상을 찌푸리는 모습을 본 적이 없다. 그들 때문에 국민은 깨끗하게 살고 있다.
정치인의 환한 얼굴은 의외로 중요한 의미를 지니고 있다.
첫째로 자신감이다.
둘째는 국민에게 보이는 안정감이다.
파란 하늘은 정치 철학이요, 환한 얼굴은 능력을 뜻한다.
지금 개혁 투사 세력들은 얼굴이 너무 심각하고 긴장되어 있다. 그들은 파란 하늘을 쳐다보지 못하고 눈을 감고 있다.
그들은 오랫동안 썩어 있었던 정치 무대의 악취만을 들춰내어 국민들에게 보여주고 있는 것이다.
그들의 깨끗함을 강조하기에 앞서 정치 철학과 능력을 보여달라. 그리하면 정치 무대의 더러움도 저절로 사라진다.

햇볕이 곰팡이를 정리하듯이······.

국민들은 파란 하늘을 보고 싶어한다. 결코 쓰레기더미 속을 들여다보는 것을 원치 않는다.

정치는 물과 같다

　정치는 물과 같다.
　물이 더러운 것, 깨끗한 것 가리지 않고 품안에 용해하여 주변을 깨끗이 하듯이, 정치도 낡은 정치인, 신세대 정치인 가리지 않고 화합하여 나라를 깨끗이 만드는 것이다.
　지금 노무현 정권이 들어선 이후 정치 무대에는 차별·분리·거칢·격투·증오·혼탁·배신 등의 단어들이 떠다닌다.
　노대통령부터가 그렇다.
　지금의 개혁 세력들은 진정한 개혁 성공을 위해 바다로 나가라. 망망 대해 속에서 깊은 밤을 지새우며 물 속에서 이루어지는 자연의 정치를 체험하라.
　먹고 먹히는 생존의 깊은 물 속에서도 차별·분리·증오·배신 등의 단어를 찾을 길이 없다.
　그 곳은 개혁파·보수파도 없지만, 조용히 이해하고 화합하며 끝없이 개혁해 왔다.

정치는 기묘한 쌍곡선

 정치인은 국민의 머슴이나 하인이 아니다.
 국민이라는 주인의 삶의 가치관을 간접적으로 올려주는 객인일 뿐이다. 그 객인은 주인집에 잠시 머물러 있다가 임기를 마치고 떠난다. 그러므로 정치인은 국민의 눈망울을 보아야지, 눈치를 보아서는 아무런 일도 할 수 없다.
 노대통령은 상대방의 눈치를 보는 것을 매우 싫어하고 자신에게 눈치 보는 참모 스타일도 매우 싫어한다.
 그러나 야당 정치인의 눈치는 적당히 볼 줄 알아야 된다. 눈치 없는 대통령으로 기네스북에 오르면 곤란하지 않은가.
 한나라당에서는 노대통령이 답답해서 미칠 지경인 모양인데…….
 야당의 눈치를 살피는 것은 당연한 것이다.
 국민의 눈망울만 똑똑히 볼 줄 알면 훌륭한 정치가 가능하다. 정치는 초지일관형으로는 매사 부딪치기 일쑤이다.
 정치는 직선이 아니고 기묘한 쌍곡선이다. 이것이 정치의 이율 배반성이다.
 야당의 눈치와 국민의 눈망울을 보고 정치를 하는 것이다.

양당제의 의미를 아십니까?

 노무현 정권이 들어선 지 8개월 만에 3당 구도가 4당 구도로 바뀌었다.
 누에고치나 송충이를 보라.
 거미나 바퀴벌레를 보라.
 소나 말을 보라.
 침팬지의 엉성한 직립을 보라.
 그리고 인간의 모습을 보라.
 그들이 땅을 디디고 있는 다리의 수는 점점 줄어들고, 인간에 이르러 두 다리만으로 완벽하게 땅을 디디고 자연과 조화롭게 삶을 영위한다.
 이것은 양당제의 우월성을 상징적으로 나타내는 것이라고도 볼 수 있다.
 사실 자연의 진화 과정은 정치의 개혁 과정과 유사하다. 동물의 진화는 환경의 변화와 먹이사슬의 변화에 의해 결정된다.
 진정한 개혁도 개혁파의 변화와 보수파의 변화에 의해 결정된다.
 환경과 먹이사슬도 어떻게 보면 한 맥락이듯, 개혁과 보수도 정치 발전의 큰 테두리에서는 한 맥락이다.

 개혁파와 보수파의 변화라는 것은 결국 스펙트럼의 변화인 것이다.

 이렇듯 정치는 보수파 그룹과 개혁파 그룹으로 명료하게 나누어진 진정한 양당제 속에서만 가장 훌륭한 정치 발전이 보장되는 것이다.

 그런데 지금 노대통령은 3당 구도를 4당 구도로 바꾸어 버렸다. 그것도 인위적이라 할 수 있다.

 거기에다가 감정의 골이 깊이 파인 4당 구도인 것이다.

 이 상황에서 어떻게 개혁을 하겠단 말인가?

 도저히 이해할 수 없다.

 수준 높은 정치 개혁은 양당제하에서 가장 효율적으로 이루어진다. 그리고 개혁의 속도와 방향도 매우 자연스러워진다.

 그러나 골이 깊은 현 4당 구도로는 개혁 이전에 정치 무대에 조명이 꺼져 버린 격이다.

8 논 리

▷ 논리를 선호하는 대통령
▷ 대통령은 TV 토론에 나오지 말라
▷ 당정 분리론
▷ 해답 없는 문제
▷ 정치의 인위성
▷ 당정 방조론
▷ 당정 협조론이 훨씬 낫다

논리를 선호하는 대통령

정치는 논리적으로 되지 않는 사각 지대가 반드시 존재한다.
왜냐 하면 나의 조그만 인생사도 그랬으니까.
노대통령은 어떤가. 그는 대통령이 되기까지 TV덕을 톡톡히 본 사람이다. 그의 논리에 대중들은 탄복했다. 특히 젊은 층들은 열광했다.
그들은 노무현이 대통령만 되면 나라는 틀림없이 잘 될 것이라고 확신을 가졌다.
물론 그렇지 않은 사람도 있었다.
"매우 논리적이고 호소력이 있지만 대통령 자격은 미달이다"라고.
그러나 왜냐고 물어보면 그들은 논리적으로 답변하지 못했다. 특히 젊은 층들에게.
아마도 논리적으로 설명하기 어려운 부분이 있었을 게다.
나는 이렇게 생각해 본다.
정치에 논리는 필요 조건이지만 충분 조건은 될 수 없다고.
사실 논리는 평면적이지 않은가.
평면적 사고가 매우 깊다고 정치를 잘 한다고 볼 수가 없는 것이다.

뼈대가 잘 갖추어졌다고 미인이라 할 수 없다. 그 뼈대 위에 알맞게 어우러진 살들이 받쳐 주어야지.

그 어우러진 살이 바로 합리다.

합리는 그 멋진 논리를 감추고 보호하며 논리를 자꾸 드러내지 않는다. 합리는 입체적 사고에서 나온다. 합리를 터득하면 말하기가 어려워진다. 똑똑한 사람도 어눌해질 수 있다.

평면적으로 말하면 이해하기 쉽지만, 입체적으로 말하면 자칫 오해가 스며든다는 것을 알게 되기 때문이다.

노대통령은 미끄러질 정도로 매끈한 평면적 사고를 가지고 있다.

정치는 논리적으로는 풀리지 않는 사각 지대가 반드시 존재한다. 그런데 그는 지금 그 사각 지대까지도 논리적으로 풀려 하고 있다.

재빨리 합리적 사고로 전환치 않으면 끝내 해답을 찾지 못할 것이다.

마침내 정치의 미로를 헤매게 되지 않을까.

대통령은 TV 토론에 나오지 말라

　TV 토론 프로그램이 몇 개 있다. 교수들도 나오고 정치인도 나온다. 지식인들은 다 나온다.
　대통령도 이제 TV에 자주 나온다. 그 전과 달라서 새롭다는 사람도 있고 탈권위주의 시대의 서민 대통령이라 반겨하는 사람도 많다.
　그런데 난 별로다. 대통령이 TV에 잘 나오지 않았으면 좋겠다. 가벼워 보인다.
　TV 토론은 논리의 장이기 때문이다. 논리가 강한 자가 설득력을 얻는 게임을 하는 장이다.
　논리는 달콤하고 시원하며 한쪽만 보고 얘기하니 딱딱 맞아떨어지는 느낌을 준다.
　합리는 구수하지만 지루하며 여러 면을 생각하니 어중간한 느낌을 주게 된다.
　시청자들은 합리보다 논리 쪽에 설득당해 버리는 이유가 여기에 있다.
　하지만 정치는 합리에 가깝다.
　대통령이 TV에 나와 논리를 주장하면 매우 설득력이 있는 것처럼 보이지만, 바로 다음날 국민의 소모적 논쟁을 만들 우려가 크고, 대통령이 TV에 나와 합리적 정책을 주장하면 국민들은 대통령의 말에 의구심만 생길 우려가 클 뿐이다.

 논리는 대나무와 같아 화살촉이나 우산살이나 회초리로 사용할 뿐 집을 만드는 기둥으로는 사용할 수 없다. 단지 그 매끄러움에 매료될 뿐이다.

당정 분리론

앞에서 나는 '정치는 논리적으로는 풀리지 않는 사각 지대가 반드시 존재한다'고 말했었다.

그리고 또 이런 얘기도 했었다.

'논리는 타당의 1퍼센트도 채 못 되는 폭과 깊이를 가지고 있다.'

논리는 국민들에게는 잠시 설득력이 있지만 문자 그대로 정치 무대에서는 단순 논리요, 평면적 사고다.

우리는 논리에 밝은 과거 정치인들을 가끔씩 본다.

그들의 인기는 순간적으로 오르다가, 세월이 조금 흐른 뒤 벼락처럼 떨어진다.

이것은 무엇을 의미하는가?

논리는 순간적 호소력은 강하다.

그 논리의 메아리가 서서히 자신을 감싸고 급기야는 꽁꽁 묶어 버린다는 것이다.

노대통령은 당정 분리론을 누차 강조해 왔다. 순간 국민들은 설득당했다. 그러나 지금은 의아해하고 있다.

이렇듯 수개월 만에 논리의 효력은 사라져 버렸다.

노대통령의 당정 분리론은 현재의 여건에서는 너무나 성급한 졸속 발언이 되어 버렸다.

노대통령은 답답하다. 자기 스스로의 논리로 자기 스스로를 묶어 버렸다.

해답 없는 문제

 당정 분리론은 지극히 당연한 말임에 틀림없다. 논리적으로는 전혀 하자가 없다. 그러나 나는 '노대통령은 정말 답답하다'라고 말 할 수밖에 없다.
 '올바른 논리를 말해 왔는데 답답할 일이 뭐가 있는가?'라고 반문할 수도 있다. 합리는 타당의 폭과 깊이에는 다다를 수 없지만 논리의 폭과 깊이보다는 훨씬 대용량의 단어이다.
 논리는 한 각도로만 이론을 전개한 것이라면, 합리는 여러 각도로 맞추어 이론을 전개한 것이라 말할 수 있다.
 '당정 분리론'은 올바른 논리임엔 틀림없지만 합리적인 발언이라 할 수 없는 것이다.
 국민들은 지금에 와서야 대통령의 당정 분리론을 신뢰하지 못하고 있다. 더구나 의구심을 갖고 있다.
 이와 함께 노대통령은 그 발언 한 마디로 스스로의 정치 역량을 사용할 수 없도록 묶어 버린 것이다.
 당정 분리론을 주장한 이후로 여당 대표나 여당 국회의원과 만나지 않고 있는 것이다. 정치 무대가 이렇게 혼란스러운데도 혼란을 더 가중만 시키고 있다.
 해답 없는 문제만 계속 출제하고 있는 것이다.

정치의 인위성

　노대통령은 취임 초부터, 아니 그전부터 당정 분리론을 주장해 왔다. 국회의원 시절부터 대통령 지시에 따라 움직이는 여당의 모습이 너무나 안쓰럽고 못마땅했던 것이다.
　대통령의 의중이 여당에 너무 영향을 주다보니 당대표는 대통령의 의중 전달자요, 꼭두각시처럼 보였다.
　당대표의 능력보다는 대통령의 신뢰도가 높은 자만이 당대표를 했으니 말이다. 당정 일체론이다.
　틀림없는 말이다. 이것이 노대통령이 정치 활동을 하면서 본 당정간의 겉모습이었고, 전부이었는지도 모른다.
　국민들도 노대통령과 똑같이 당정간의 모습을 보아 왔다.
　비슷하게 느꼈을 것이다.
　그러므로 노무현 대통령이 생각하는 당정 분리론은 국민의 인기를 잠시 끌어올릴 수는 있다. 그러나 수준 높고, 유연한 정치 활동을 위해서는 너무 원칙에만 치우쳐 있는 당정 분리론은 비현실적이다.
　정치는 부드러운 것이다.
　정치는 견고한 담을 쌓는 것이 아니다.

당정 방조론

자, 그러면 이제 정답이 나오지 않았는가.
노대통령의 당정 분리론은 딱딱한 정치의 표본이요, 답답한 정치의 표상이요, 발을 동동 구르며 쳐다만 봐야 하는 빛 좋은 개살구 정치가 되어 버린다.
이것은 정치가 이미 아니다.
이것은 '강 건너 불'이요, '니 떡 내몰라라'이다
지금 노대통령의 당정 분리론은,
'당이 와해되어 새로운 신당이 창당되기까지 보이지 않는 손에 의해 조종되고 있을 뿐 진정한 당정 분리론이 아니었다. 그리고 신당은 노무현당이 되어 과거의 전직 대통령들이 누렸던 당의 간섭권을 다시 쥐고자 할 것이다.'
라고 생각하는 의구심을 가진 이도 많다.
그러나 그것이 아니길 바라며, 그것이 아니라고 가정을 해 봐도 문제가 너무 크다. 이렇게 순수하게 생각할 경우에도 노대통령의 당정 분리론은 당정 방조론이나 마찬가지다.
차신을 대통령으로 탄생시킨 당이 호흡 곤란을 일으키고 있는데도 산소를 공급할 연결 통로까지 차단해 버린 것이다.

노대통령은 민주당 신·구주류를 모두 통틀어 정치인들을 만나지 않고 있었다. 오해 살 일은 하지 않겠다는 것이다.

이것이 과연 개혁을 바라는 정치인가. 개혁은 단절로 해결되지 않는다.

당정 협조론이 훨씬 낫다

우리는 집을 짓고 방을 만든다.
방에는 꼭 밖으로 창문을 만든다.
가끔씩은 열어 바깥 공기도 들어오게 하고, 방 안에 먼지도 나가게 하기 위해서이다. 여름밤엔 방충망을 한 채 밤새 열어 놓는다. 그러다가도 갑자기 소나기가 오면 닫아 버린다. 그러다가도 겨울엔 이중 창문을 만들어 찬 공기를 막는다.
어쨌든 창문은 꼭 필요하며, 필요시마다 열고 닫는다.
창문 안이 정부, 즉 대통령이고, 창문 밖이 여당이라 가정해 보자. 노대통령은 당정 분리론을 주장했지만, 당정간에 연결 통로가 전혀 없을 수가 없으니 창문으로 비유하는 것은 절대 무리가 아니다.
이와 같이 당과 정부는 국민을 위해서라도 연결 통로가 있어야 한다.
국민에게 매우 선명하게 보이고 설득력 있는 당정 분리론!
그것은 개혁만을 성급히 서두르는 최고 지도자의 잘못된 용어 선택이다.
당정 협조론이나 당정 주체론이 훨씬 낫다.

9 지도자와 능력

▷ 훌륭한 지도자의 보혁 스펙트럼
▷ 역량 있는 지도자의 느낌
▷ 대통령이 생각해야 할 능력의 의미
▷ '제대로'라는 의미의 중요성
▷ 능력이란 야생마의 피가 흐르는 명마와 같다
▷ 선진국과 후진국이 보는 능력의 의미는 왜 다른가?
▷ 정치 후진국에서나 볼 수 있는 '능력' 여론몰이
▷ 선진국의 능력 있는 자는 신임이 두텁다
▷ 여러 가지 방법이 있지 않은가
▷ 무능의 종소리가 울려퍼지는 발언
▷ 능력이라는 제품의 핵심 부품들
▷ 오매불망
▷ 정치 지도자가 존경받는 이유
▷ 능력의 분해도
▷ 개혁 실패의 그림자가 드리워지고 있다
▷ 유비가 공명을 찾듯이
▷ 비애의 침묵
▷ 축구 선수가 관중을 향해 뛸 순 없다
▷ 풋내 나는 철학

훌륭한 지도자의 보혁 스펙트럼

 개혁은 개혁주의 지도자나 깨끗한 지도자만이 하는 거라고 국민들도 생각지는 않는다.
 왜냐 하면 오늘날 국민들은 다른 나라에서 개혁적 지도자가 아무것도 하지 못하고 혼란만 야기시킨 사례들을 많이 보고 있기 때문이다.
 진정으로 개혁을 성공시키자는 정치 철학이 깊어 능력이 꽉 찬 지도자이다. 그 지도자는 보수파 속에 있을 수도 있고 개혁파 속에 있을 수도 있다.
 그 지도자는 묘하게도 보수파이면서도 수구의 반대쪽에 위치해 있으며, 개혁파이면서도 진보의 반대쪽에 위치해 있을 가능성이 매우 높다.
 이 위치에서 묵묵히 자신의 위치를 지키는 사람 속에서 훌륭한 최고 지도자가 탄생되며, 그의 개혁은 성공할 확률이 매우 높다.

역량 있는 지도자의 느낌

 어쨌든 이러한 훌륭한 지도자는 취임하자마자 좀 다른 구석이 있다. 국민들을 시원하게 해 주기 시작한다.
 그리고 3가지 뚜렷한 느낌을 준다.
 첫째, 자신의 정적을 묘하게 끌어안는다.
 정적들은 그의 흡인력에 기분이 나쁘지 않을 정도다.
 둘째, 국민들이 그를 미워할 수 없게 만든다.
 잘한다, 못한다를 떠나서, 정책 방향이 좀 달라도 '좀 지켜보자' 할 정도다. '분명히 엉망진창이 될 것이다'라는 부정적인 말을 듣지 않는다.
 셋째, '법과 원칙을 바로 세우겠다'는 결의에 찬 말을 자주 내뱉지 않는다.
 국민이 이러한 뉘앙스를 느끼게 만든 뒤, 국민 통합의 분위기가 형성된 후 서서히 개혁의 칼을 빼들고 훌륭한 개혁을 이룩하는 사람이 훌륭한 지도자다.

대통령이 생각해야 할 능력의 의미

노대통령과 국민들은 '능력'이라는 단어에 대해 매우 비우호적인 편이다.

그리고 '개혁'이라는 단어에는 매우 우호적이다.

'능력이 있어야 개혁을 한다'는 말에 반신 반의하거나 의심의 눈초리가 더 진하게 배어난다.

'앞뒤가 맞지 않다'라고 생각하는 사람도 많다.

사실 '능력'이라는 단어는 '사랑'이라는 단어와 함께 그 중요성과 진가가 많이 퇴색되어 버렸다. 두 단어의 이중적 해석 때문이다.

두 단어를 품위 없게 사용하는 사람들에게는 품위 없는 의미로 사용되고, 두 단어를 품위 있게 사용하는 사람들에게는 품위 있는 의미로 사용된다.

노대통령은 능력이란 단어를 매우 품위 있게 긍정적으로 사용하여 사회에서 더럽혀진 능력의 의미를 사전적 의미로 복귀시켜야 할 책임이 크다.

'제대로' 라는 의미의 중요성

'능력'의 사전적 의미는, '어떤 일을 제대로 할 수 있는 힘'이다. 여기서 '제대로'라는 의미를 우리는 확실히 알고 있다.

그리고 '어떤 일' 대신에 '개혁'이라는 구체적 단어를 넣어도 전혀 이상할 게 없다.

그러면 자, 여기서 정답이 나왔다.

개혁을 제대로 할 수 있는 사람은 능력 있는 사람이지, 개혁파라고 얘기할 수 만은 없다는 것이다.

개혁파란 개혁의 욕구가 충만한 자일 뿐이다.

왜 '제대로'라는 말을 넣을 수가 없는가?

개혁파라고 능력이 있다고 말할 수가 없음을 사전은 정의하고 있는 것이다.

노대통령이 제대로 개혁을 하려면 보수파든, 개혁파든, 능력 있는 참모를 인선해야 한다는 것이다.

참모들이 개혁파 일색으로 인선되었다면 확률적으로 보아서도 능력 위주의 인선이 되지 않았음을 통탄해야 될 일이다.

능력이란 야생마의 피가 흐르는 명마와 같다

능력 있는 참모는 다루기가 쉽지 않다.
능력이란 명마에 비유될 수도 있다.
그렇다면 명마도 이중성이 있는가?
그렇다. 명마의 심장에는 아득한 먼 옛날 야생마의 피가 흐른다.
즉, 명마 또한 야생마의 이중성을 가졌지만 훌륭한 기수에 의해 멋지게 길들여진 것이다.
능력 있는 지도자는 능력 있는 개혁파와 능력 있는 보수파를 적절히 인선하여 개혁파의 거친 개혁성을 잘 연마해 주고, 보수파의 가슴 속에 녹슬어 있는 개혁의 피를 활성화시키는 리더십을 발휘하는 것이다.
무능한 참모는 아무리 길들여도 거친 개혁성이 연마가 잘 안 되고, 개혁의 피가 활성화되지 않는 한계성을 지니고 있다.
확실하고 깨끗해서 처음에는 마음에 들어도 세월이 흐르면 그저 답답할 뿐이다
노대통령은 답답해지기 시작할 것이다.

선진국과 후진국이 보는 능력의 의미는 왜 다른가?

 어느 나라의 최고 지도자라도 '능력'이라는 단어를 사전적 의미, 즉 긍정적으로 보는 자만이 개혁에 성공할 수 있다.
 '능력'이라는 단어는 사회에서 부정적 의미로도 많이 사용되고 있다. 특히, 사회 부조리가 심한 나라에서는 더더욱 악의적으로 사용되고 있다.
 사회가 매우 수준 높은 선진국에서는 그와 반대로 '능력'이라는 단어가 매우 우호적으로 사용되는 것이다.
 최고 지도자는 왜 '능력'이라는 단어가 선진국과 후진국에서 그 의미가 차별화되는가를 깊이 인식하지 않으면 안 된다.
 이것은 매우 중요한 일이며, 정치 철학의 근거를 뿌리째 뒤흔들 수 있는 사안이기에 깊이 다루어지지 않으면 안 된다.
 노대통령의 정치 승패는 '능력'에 대한 올바른 철학적 의미를 얼마나 깊이 관찰하고 사색하는가에 달려 있다.

정치 후진국에서나 볼 수 있는 '능력' 여론몰이

 무능하면서도 자신의 무능을 감추려 드는 자는 '능력'의 의미를 부정적으로 말한다.
 "능력 있는 자는 본처 외에도 첩을 두고, 관공서와 결탁하여 사업권을 따내고, 불법성이 짙은 직업으로 부를 챙기는 비양심가들이 많으며 오염된 자들이다. 특히 능력 있다고 하는 정치인들은 온갖 비리를 허리춤에 숨기고 근엄을 떨며 훌륭한 모습을 국민들에게 보이려 한다. 그리고 대부분이 보수주의자들이다"라고.
 이런 무능한 자의 탄식은 정치 후진국에서는 상당한 여론을 형성할 수 있다.
 몸매에 자신 없는 연예인이 몸매 확실한 동료 연예인 누드집 발간에 악의적 여론을 만들어 내며 탄식하거나 자신의 윤리적 모범성을 강조하는 것과 유사하다.
 정치 후진국에서 자주 볼 수 있는 전형적인 여론몰이다.

선진국의 능력 있는 자는
국민으로부터의 신임이 두텁다

　무능하면서도 자신의 무능을 감추려 드는 자의 '능력'에 대한 부정적 탄식은 대중에게 매우 단순한 설득력을 가지고 있다.
　그들의 탄식이 정치 후진국에서라도 여론몰이가 가능하다는 것은 공감대가 형성된다는 것이다.
　문제는 무능한 그들이 국민들의 지지를 받아 정치 무대를 장악했을 때 더 큰 문제를 야기시키는 데 있다.
　바웬사. 그는 여론몰이에 성공한 무능한 개혁주의자의 대표적 인물로 여겨진다.
　정치 선진국에서 무능한 그들은 능력 있는 자들을 그런 식으로 여론몰이를 할 수가 없기 때문에 정치 무대로 올라설 기회조차 주지 않는다.
　왜 정치 선진국에서의 능력 있는 자들은 대체로 불법을 저지르지 않고 국민의 신임이 두터울까?
　그것은 선진화된 윤리성과 수준 높은 법과 제도의 틀 속에서도 자신의 능력을 아주 멋지게 발휘할 수 있기 때문이다.
　불법을 저지를 이유가 없다.

여러 가지 방법이 있지 않은가

　노대통령은 맑고 깨끗하며 능력 있는 자를 참모진과 장관직에 인선하기 위해 심혈을 기울였었다.
　과거 정권의 장관 갈아치우기에 신물이 났고, 국민들도 마찬가지였다.
　행자부장관 버티기는 보통 사람이 성공하는 모습을 운운하지만, 사실은 장관 갈아치우기에 대한 국민의 눈치 보기에 무게가 더 실려 있었다.
　한나라당의 감정 싸움에 걸려 김두관씨가 장관직에서 물러났지만 보통 사람으로서 그 정도면 성공한 것이다. 억울한 부분은 국민이 다 알고 있다.
　김두관씨보다 더 유능한 사람은 무수히 많지만, 노대통령의 시야에 잘 보이지 않을 뿐이다.
　앞으로의 개혁을 위하며 국회를 존중하는 대통령의 큰 마음은 즉시 해임밖엔 없었다.
　한 사람의 참모를 아까워하는 오기 섞인 대통령의 발언은 국민 대다수를 불안으로 몰고갈 확률이 매우 크다.
　여러 가지 방법이 있지 않은가!

무능의 종소리가 울려퍼지는 발언

　노대통령은 맑고 깨끗하고 능력 있는 참모들을 인선했다고는 하나 국민들은 그렇게 생각하고 있지 않다. 맑고 깨끗하게는 보이지만 능력이 부족한 참모가 많다.
　예를 든다면 김두관씨다. 김두관씨가 능력 있는 참모라면, 함부로 정치적 발언을 삼가야 한다. 참모로서의 역할에 벗어난 발언이다.
　하룻강아지가 노대통령의 등짝에 붙어서 손님을 도둑으로 착각하고 제법 콩콩거리는 격이다.
　쉽게 얘기하자면 무능의 종소리가 울려퍼지는 발언이라는 것이다.
　유능한 참모는 대통령에게 순간은 기분 좋을지 몰라도 서서히 부담감을 안게 되는 발언을 하지 않는다.
　그의 총기 난사적 발언은 신중성의 결여를 그대로 노출시키고 있는 것이다.

능력이라는 제품의 핵심 부품들

정치 역사를 보라.

무능한 지도자는 심혈을 기울여 무능한 참모를 인선하는 결과를 초래했다.

무능한 참모의 뉘앙스에는 '맑고 깨끗함'이라는 훈장을 달고 있는 경우가 많다.

물론 '맑고 깨끗함'이 무능의 상징은 아니다. 그러나 '무경험자'라고는 얘기할 수는 있다.

능력이라는 제품 속에는 경험이라는 세부 부품이 들어 있는데 '지식'이라는 세부 부품과 함께 핵심 부품에 해당한다.

이 두 핵심 부품이 서로 상호 작용으로 활성화되면 '능력'이라는 제품의 효율성이 극대화된다.

이 둘 중 한 부품만 사용하면 '능력'이라는 제품은 '무능'이라는 제품으로 변질될 확률이 크다. 특히 '지식'이라는 세부 부품만을 사용하면 더더욱 그렇다.

그런데 지금부터가 중요하다.

'지식'이라는 세부 부품은 자주 사용해도 오염되거나 더럽혀질 가능성이 적은 부품인 반면, '경험'이라는 세부 부품은 사용할수록 주위로부터 오염되거나 더럽혀질 가능성이 높은 부품이라는 것이다.

'경험'이라는 세부 부품을 많이 사용하다 보면 오염이 되어 '능력'이라는 제품의 효율성의 신뢰가 떨어지기 쉽다.

노대통령은 이것을 두려워한 나머지 '지식'이라는 세부 부품을 주로 사용해 왔던 '능력'이라는 제품을 참모로 선호하고 있는 것이다.

지금부터라도 '경험'이라는 세부 부품을 사용하면서 '능력'이라는 제품의 효율성을 극대화시킨 참모를 재인선해야 한다.

논리를 즐기는 노대통령이 논리의 늪에 빠진 것이다.

오매불망

국민의 앞날을 좌우하는 대통령의 참모들이 개혁을 앞세워 지금부터 나라일을 경험해 보자는 것은 위험 천만한 발상이다.

대통령 자신도 큰 경험을 두루 거친 사람이 아니질 않은가?

한나라당도, 민주당도, 국민도, 어떻게 걱정이 아니 되겠는가?

노대통령은 빠른 시일 내에 논리의 늪에서 빠져나와야 한다. 이러다간 노무현 개혁은 실패하고 만다.

참모진과 장관들을 보수파라도 40퍼센트 정도는 경험 풍부한 자로 교체해야 된다. 맑고 깨끗한 자보다는 능력 있는 자로 교체해야 한다.

능력 있는 자 중에 신뢰성이 떨어지는 자가 있다면(당연히 있을 것이다), 그의 세부 부품 중에 '경험'의 오염도를 재평가하여 가능한 한 인선해야 한다.

국민들이 싫어할까 걱정해서도 안 된다. 올바른 정치란 국민의 눈치를 보는 것이 아니고, 국민의 눈망울을 보며 임기 후를 보는 것이 아닌가.

무엇이 밉고 무엇이 더럽단 말인가.

여기서 더 중요한 것이 있다.

'능력'이란 제품 속에 들어 있는 세부 부품인 '경험'은 잘 오염되기도 하지만, 잘 닦아지는 특성도 있다는 것이다.

그리고 개혁을 하고자 열정이 가득 찬 지도자가 그 능력을 인정해 주면 그 세척도의 효율은 100퍼센트에 가까워지는 특성 또한 지니고 있다는 것이다.

그러나 노대통령은 한번 오염된 자는 영원히 오염되며, 환원되지 않는 것으로 착각하고 있는 것 같다.

정치 지도자가 존경받는 이유

　도시 한복판에는 대형 간판들이 즐비하다.
　그리고 도시 한복판에는 먼지가 진동한다.
　간판은 세월에 따라 오염되어 변질된다. 어쩔 수 없는 환경이다.
　정치인들의 비리가 정치 무대 위에서 즐비하다.
　독식을 위한 비리도 있고, 정치 환경에 따른 비리도 있다.
　비리의 성격에 따라 노대통령과 국민들은 시시비비를 정확히 가려 그들의 정치적 고통을 파악해야 한다.
　깨끗이 닦고 간단한 보수로 다시 쓸 수 있는 간판이 있듯이, 노대통령은 그들을 안아야 한다. 그 속에는 국가적 거목도 존재할 수 있다.
　그것을 가려내는 지도자가 국민들로부터 존경을 받게 되는 것이다.

능력의 분해도

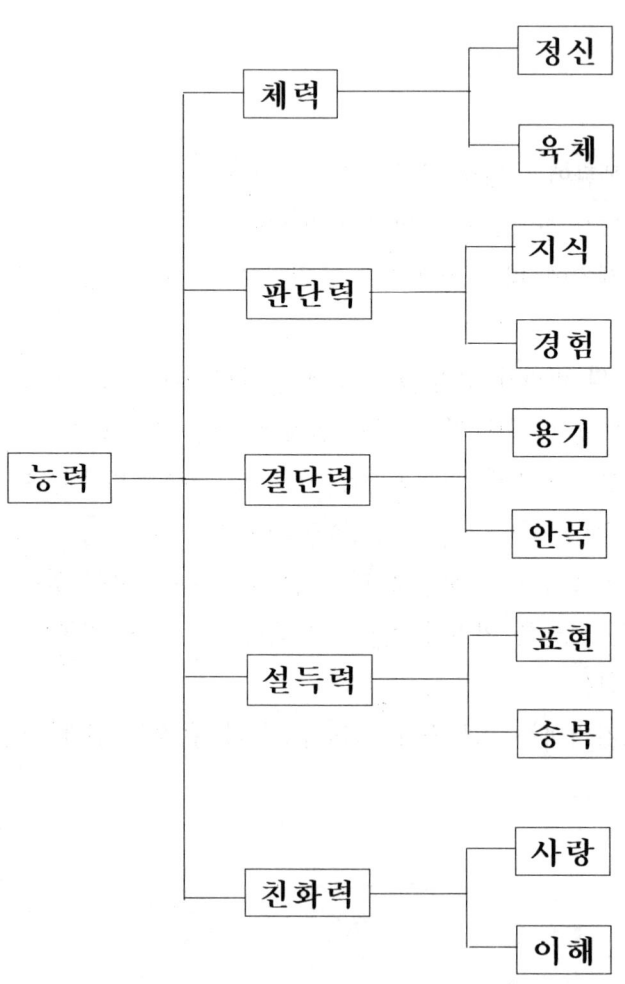

개혁 실패의 그림자가 드리워지고 있다

능력의 분해도에서 보면 '개혁'이나 '보수'나 '맑고 깨끗함', 이런 것들이 들어갈 틈이 없다.

'어떤 일을 제대로 할 수 있는 힘' 그 자체다.

그러나 '능력'이란 보수보다는 개혁을 위해 필요한 것이 확실하다. 능력의 5가지 요소 중 판단력이 가장 중요하다. 판단력 중에서도 경험이 단연 중요하다.

여기서부터 올바른 결단력이 나오며, 올바른 설득력이 나오며, 올바른 친화력이 나오기 때문이다. 물론 올바른 체력에도 도움이 된다.

능력은 개혁적인 동시에 도저히 부정적일 수가 없는 것이다.

그 다음 중요한 것이 지식이다.

지식과 경험이 맞물려 활성화되면 훌륭한 결단력, 훌륭한 설득력, 멋진 친화력이 터져나온다.

그러나 아무리 지식이 풍부해도 경험이 없다면 판단력에 문제가 발생하며 연이어 결단력도 크게 빗나가 버린다. 왜냐 하면 경험은 직접 지식으로 환원될 수 있지만, 지식은 직접 경험으로 환원될 수 없기 때문이다. 고로 개혁은 능력과 통하고,

능력은 경험 쪽으로 기울어져 있다.
 노무현 정권의 개혁 실패의 그림자가 서서히 드리워지고 있는 것이다.

유비가 공명을 찾듯이

 노무현 대통령은 능력 있는 자를 지금부터라도 찾아나서야 한다.
 유비가 공명을 찾듯이.
 우선 가장 만나기 힘든 정치인을 만나야 된다.
 정치적 색채는 달라도 분명 능력을 가지고 있다는 정치인은 다 만나야 된다.
 자신을 믿고 따르는 정치인이 의구심을 일으키는 것에 개의치 말고 보수파라도 능력 있는 자를 과감히 만나야 된다.
 이인제씨를 만나야 된다.
 정몽준씨도 만나야 된다.
 정균환·박상천씨도 만나야 되고,
 추미애씨도 만나야 된다.
 바보 취급을 받아도, 누구든 능력 있다고 생각되는 자는 자존심이 상해도 개혁을 위해 만나야 된다.
 삼고초려해야 한다. 개혁 성공을 위해서……
 그래야만 국민들은 훌륭한 노무현을 외칠 것이다.
 허공에 짖어대는 개소리로 들리겠지만.

비애의 침묵

의술이 부분적 전문성이라면 정치는 총체적 전문성이다.

정치가 난해한 것은 여기에 있다. 한마디로 폭과 깊이를 함께 필요로 한다는 것이다. 이것은 양면을 가지고 있다는 증거이기도 하다.

그러므로 정치는 상식으로 처리되고 정리되는 것이 아니다. 그러나 국민들은 상식으로 정치를 보고 있다. 그러므로 지도자는 때때로 국민을 쳐다보며 괴로워할 때가 많다.

그때는 어떤 말을 하더라도 이해되기는커녕 오해의 증폭만이 있을 뿐이다. 이때는 '비애의 침묵'으로 세월을 넘어야 한다.

노대통령은 대통령 취임 후부터 지금까지 생각조차 할 수 없었던 일들이 무더기로 가슴과 머리로 돌진해 오는 것을 체험하고 있다.

오해의 증폭을 뼈저리게 느낀다.

이를 극복이라도 하듯 자꾸 되받아친다.

'비애의 침묵'이 절실히 요구되는 대통령이다.

축구 선수가 관중을 향해 뛸 순 없다

 법치주의보다 덕치주의를 강조했던 공자님은 오늘날 우리 한국에 많은 것을 느끼게 한다.
 공자님은 지도자의 길을 이렇게 설파했다.
 "자기 자신을 잘 알고 있는 것을 '인(仁)'이라 한다면, 남을 잘 알게 되는 것을 '지(智)'라 할 수 있다."
 여기서 남이라 함은 자기 자신을 제외한 모든 대상을 뜻한다. 다시 말하면 '인'이란 인간의 본질을 아는 것이요, '지'란 자연의 이치를 아는 것이라 할 수 있다.
 그러므로 '인'과 '지'는 서로 일맥 상통하며 별도로 분리되지 않는 것이다.
 노대통령은 현재까지의 정치 활동을 보아서는 개혁과 관계 없이 '인'과 '지'가 턱없이 모자라 보인다.
 철학이란 인간의 본질과 자연의 이치를 깊이 연구하는 학문이므로, 고로 철학은 '인'과 '지'의 수준 높은 복합체의 모습을 하고 있는 것이다.
 이런 점에서 노대통령은 정치 철학이 대단히 부족해 보인다.
 공자님은 분명히 그렇게 생각하실 것이다.

'인'과 '지'가 성숙되면 저절로 '용(勇)'이 생긴다.

이러한 '용'은 진정한 '용'이다.

이것이 바로 공자님의 '인·지·용'이다.

오늘날 정치인들은 한 번쯤 깊이 생각해야 한다.

공자님은 '인·지·용'의 수준이 떨어지는 지도자는 결국 대중의 신뢰를 받지 못하고 대중으로부터 멀어져 간다고 했다.

옛것이 쇠퇴해진 오늘날이지만 그 뿌리는 남아 있을 것이다.

〈동아일보〉가 권양숙 여사의 미등기 전매 의혹 자료를 대서특필했다.

신문도 문제가 많다.

그들의 고유 권한이라 하지만 대서 특필할 문제는 아닌 듯한데, 그렇다고 해서 홍보 수석은 〈동아일보〉에게만 취재를 거부하고 법적 대응을 한다고 해서 무슨 일이 풀리겠는가.

유명한 축구 선수가 축구장에서 뛰는 본인을 향해 물통을 던진 관중을 보고 화가 나서 관중석으로 뛰어드는 형국이다.

유명세를 치르는 것이라 생각해야 한다.

공자님이 다시 한 번 웃는다.

풋내 나는 철학

정치는 선과 악을 구분하는 것이 아니다.
판사도 형 집행을 할 때 선과 악의 구별보다는 사회성을 앞세워 결단을 내리는 경우가 많다.
정치 무대에서 찬성과 반대를 구분해야 할 때는 사실 최악의 경우다. 그것은 정치의 가장 저급한 수준이다.
정치는 아군과 적군을 노골적으로 품어내는 것이 아니다.
그러한 정치인은 정치 무대를 떠나야 한다.
정치인을 싫어하는 사람이든 좋아하는 사람이든 표정이 달라서는 안 된다.
풋내 나는 철학을 가진 정치인은 이것을 보고 '능구렁이' 같은 느낌을 받지만, 그런 식으로 몰아가선 안 된다.
정치를 코드로 표현한다는 것은 더더욱 위험한 일이다.
한 가정의 가장도 싫어하는 자녀와 좋아하는 자녀가 있다.
두 자녀를 대하는 표정이 달라져야 된단 말인가?
코드가 맞지 않는다고 대화를 하지 않을 것인가?
오히려 더 관심과 사랑을 가지고 가정 코드를 통합하는 것이 가장의 책임이다.

10 능력 편향도

▷ 법조계 출신 정치인의 능력 편향도
▷ 경제계 출신 정치인의 능력 편향도
▷ 학계 출신 정치인의 능력 편향도
▷ 언론계 출신 정치인의 능력 편향도
▷ 연예계 출신 정치인의 능력 편향도
▷ 군 출신 정치인의 능력 편향도

법조계 출신 정치인의 능력 편향도

친화력이 매우 약한 편이다.

판단력은 다른 분야 출신의 정치인들에 비해 낮은 편은 아니지만, 같은 법조계 출신 정치인들 사이에 편차가 심한 편이다.

친화력이 약한 반면에 결단력이 대체적으로 강한 편이다.

그것은 늘 결정을 내려야 할 사안들을 품에 안고 살아왔기 때문이다.

경제계 출신 정치인의 능력 편향도

강력한 친화력을 가지고 있다.
타의 추종을 불허한다.
판단력도 좋은 편이나, 결단력이 좀 미흡한 편이다.
친화력이 과한 나머지, 정치적 과오나 오해의 소지로 많이 일어나는 편이다.
설득력 또한 친화력을 따를 순 없지만 상당한 수준에 있다고 할 수 있다.

학계 출신 정치인의 능력 편향도

판단의 우를 자주 범한다. 즉, 판단력이 약하다.
경험의 부족이 그 원인이다.
외곬적 경향도 없지 않다.
체력이 다른 분야 정치인들에 비해 좀 약한 편이고, 설득력은 그 중에서 가장 좋은 편이다.
결단력은 편차가 있는 편이나, 대체로 약한 편에 속한다.
그러나 경험이 풍부히 축적되어지면 대단한 판단력과 결단력이 나온다.
가히 파괴적이다.

언론계 출신 정치인의 능력 편향도

결단력이 약한 편이다.
 어느 정도의 친화력을 가지고 있으며, 판단력 또한 다른 분야의 정치인에 비해 뒤떨어지지 않는다.
 설득력도 좋은 편이다.
 문제는 결단력인데 너무 생각하고 질질 끄는 경향이 있다.
 지도자가 되면 결단의 시기를 놓치게 되는 경우가 많다.

연예계 출신 정치인의 능력 편향도

　자연스럽게 친화력을 가지고 정계에 입문하나 판단력이 매우 약한 편이다.
　판단이 흐리다 보니 결단의 오류가 자꾸 나온다.
　설득력도 다른 분야 출신 정치인들에 비해 약한 편이다.
　그저 친화력 하나 가지고 정치를 해 보려 하니 쉽지 않고, 스스로 싫증내곤 한다. 정치 철학이 부족한 탓이다.
　정치 무대에 나서지 않는 것이 좋다.

군 출신 정치인의 능력 편향도

강한 결단력을 지니고 있다.
체력이 뛰어난 편이나, 설득력이 매우 약해서 수준 높은 정치를 하는 데는 미흡하다.
판단력의 편차가 심한 편이다.
그러나 김종필씨는 예외다.
군 활동 연수보다 정치 활동 연수가 훨씬 많기 때문이다.

11 신당(열린우리당)

▷ 개혁 의지를 왜 비웃고 있나?
▷ 소수 개혁 투사 세력
▷ 바른말이지만 올바른 말이 못 된다
▷ 무능한 지도자는 무능한 참모를 유능하게 느낀다
▷ 배추 장사보다도 넙푼수 없는 시국
▷ 화들짝 놀라 도랑 치다가 가재 잡는 형국

개혁 의지를 왜 비웃고 있나?

왜 개혁의지에 불탄 대통령을 도와주지는 못할망정 비웃고 있단 말인가.

노대통령은 이러한 현상에 대해 아직까지도 자만심을 가지고 있다. 개혁은 소수 정예 개혁 세력에 의해 어쩔 수 없이 시련을 겪으면서 점화되기 시작한다는 단순 논리에 젖어 있기 때문이다.

이러한 혼란의 시기를 거치고 2~3년만 있으면 국민들의 지지는 취임 당시보다도 더 높아질 것이란 확신에 차 있는지도 모른다.

이러한 노대통령의 잘못된 단순 논리는 여러 곳에서 나타나지만 가장 극명하게 드러나는 증거물이 있다면 열린우리당 창당이다.

열린우리당 창당은 개혁 의지에 불탄 노대통령의 마음과 개혁을 원하는 국민 대다수의 마음이 일치하는 데는 별 문제가 없다.

문제는 창당을 하겠다고 나선 창당 구성원들의 행보가 개혁을 바라는 대다수 국민들의 마음을 감동시키지 못하고 있다는 것이다.

 오히려 그들의 편협함과 무능의 말투 속에서 국민들은 실망감으로 자지러지고 있다는 것이다.

 거기에다가 이 중요한 시기에 송영진 의원은 카지노 출입까지 하고 있다.

 개혁의 첫 단추가 떨어진 것을 보고 국민들의 실망이 비웃음으로 변질되는 단계에 들어선 것이다.

소수 개혁 투사 세력

 열린우리당 창당은 그것이 노대통령의 의중이 들어간 노무현 당이든, 순수한 신당이든, 한나라당에서는 관심이 있는지는 몰라도 국민들은 그런 곳에는 관심이 없다.
 신당이 잘 되어서 개혁이 순조롭게 되면 만사 형통이라 생각한다.
 국민들이 비웃고 있는 것은 신당 창당 자체가 절대 아니다. 신당 창당 구성원들이 '소수 정예 개혁 세력들이 아니다'라고 국민들은 확신하고 있다. 즉, 그들을 소수 개혁 투사 세력 정도로밖에 생각지 않는다.
 개혁 의지만 강하고 능력이 부족한 그들에게 표를 던지지 않을 것이다.
 국민들도,
"어린아이에게 개혁의 칼을 맡길 수 있겠는가?"
라고 생각하는 것이다.
 그들은 이유야 어쨌든 민주당 구주류조차도 끌어안지 못하고 있지 않은가.
"한 가정에서도 빗나간 자녀를 개혁시키기 위해서는 부모들이 자녀를 일단 끌어안는 것부터 시작해야 한다"는 서민들의 '개혁 진리'조차도 '그게 아닙니다'라고 발뺌하는 속좁은 인간들이라고 국민들은 생각하고 있는 것이다.

바른말이지만 올바른 말이 못 된다

 아무리 바른말을 잘 해도 속이 좁다고 느껴지면 그 사람한테 정이 안 가는 법이다. 국민들의 절대 다수는 속좁은 사람은 아무리 바른말을 잘 해도 큰 정치를 할 수 없다고 생각한다.
 자꾸 바른말만 늘어놓아 진전도 없고 오히려 분란만 일으키는 사람은 대중들도 속칭 '경위 바르고 속좁은 자'라 일컫는다.
 옛날엔 동네마다 그런 사람이 한두 명씩은 꼭 있었다. 그런 사람에게 이장 자리를 맡겨보면 동네가 끝없는 싸움판이 된다. 별것 아닌 것 같고 온종일 시비를 만들어 내는 사람들이다.
 열린우리당 창당을 서두르는 정치인들이 민주당 정치인들을 향해 '지역 패권주의'니 '기득권을 포기하지 않는 구시대 정치인'이니 하는 말은, 딱 부러지게 뭐라 할 순 없지만 이젠 듣기가 거북한 말이다.
 옛날에 워낙 많이 들었다.
 물론 틀린 말은 아니다. 바른말이다.
 단지 올바른 말이 못 될 뿐이다.
 또한 비논리적인 말도 아니다. 논리적이다.
 단지 합리적인 말이 아닐 뿐이다.

고로 속좁은 말이다.
이런 말투로 감정과 대립을 산더미처럼 쌓아올리면서 무슨 개혁을 하겠다는 것이며, 어떤 지지를 받겠다는 것인가.

무능한 지도자는 무능한 참모를 유능하게 느낀다

 국민이 바라는 신당을 만들려면, 좋은 인재를 많이 참여시켜 세 불리기에 나서야 한다. 그런데 세 불리기가 제대로 안 될 것이다.
 그 이유를 3가지로 집약해 본다.
 첫째, 지금 열린우리당에 주축을 이루는 정치인들이 대체적으로 능력이 부족하다.
 그들은 야무진 지식과 논리는 갖추고 있으나, 경험이 부족하다. 정치인들도, 국민들도 그렇게 생각하고 있다.
 무능한 자와 함께 하면 유능한 자는 피곤하다. 그들의 개혁 의지는 강하나 그 방향에서 자꾸 다툼이 생긴다.
 능력 있는 자들도 그것을 미리 알고 있다. 그래서 참여는 하고 싶지만 뒤로 미루거나 참여하지 않는다.
 둘째, 능력이 부족한 지도자는 능력이 부족한 참모를 능력이 있는 것으로 착각하는 경우가 많다.
 열린우리당 세력들은 학계나 법조계나 언론계에 알려진 참신한 인물들을 대거 등용시킬 것이다.
 역시 정치 경험이 없는 사람들인 것이다.

깃털도 같은 깃털끼리 모인다.

셋째, 열린우리당 세력은 시작부터 능력 부족 현상을 입증시켜 버렸다. 왜냐 하면 민주당 정치인들을 가능한 깎아내리지 않고 가능한 근엄하고 조용하게 나와야 했다.

그들의 피끓는 안타까움을 그런 식으로 표현하지 않아도 국민들이 다 알고 있는 시안임을 생각지 못했다.

그들은 옛날 친구를 깎아내림으로써 자신은 더 깎여 버렸다.

결국 중도파(민주당) 정치인의 운신의 폭을 좁혀 버렸다.

배추 장사보다도 널푼수 없는 시국

 신당(열린우리당)의 총선 패배는 불 보듯 뻔하다. 일단 세 불리기에서 실패할 수밖에 없는 구조로 짜여져 있다.
 앞서 지적했듯이 그 이유 3가지를 집약해 보면, 국민들은 맑고 깨끗한 지식만의 정치로는 개혁이 힘들다는 결론을 이미 내리고 있다는 것이다.
 국민들은 개혁의 칼날은 한마디로 능력 있는 자의 손에 쥐어져야 한다는 대전제를 깔고 투표하겠다는 것이다.
 개혁 추진 세력들은 기존 정치인의 다수를 낡은 보수파의 침전물 정도로 무시해 버리고, 기존 정치인들의 오염된 겉모습 속에 가끔씩 보이는 흑진주 같은 능력의 속모습을 일체 거들떠보지도 않고 평가 자체도 하지 않겠다는 것이다.
 배추 장사도 배추가 상하면 겉잎을 곱게 떼고 속배추를 깨끗이 고른다.

화들짝 놀라 도랑 치다가 가재 잡는 형국

경제인 출신의 정치인은 융통성이 많은 편이다.

한국 경제인의 융통성은 외국에서 혀를 내두를 정도다.

한국의 특이한 경제 상황에서 잔뼈가 굵은 경제인이기에 그 융통성이 효율성보다도 위법성에 가까울 정도다.

사전에서는 융통성을 '형세에 따라 변통하는 재주'라 정의하고 있다. 그러나 경제인들은 여기에다가 위법성까지 포함하여 융통성을 과용해 버렸다.

결국 경제인의 위법적 융통성은 정몽헌씨 사건과 SK비자금 사건을 유발시켰고, 관계나 정치계 인물이 직접 관련되어 있다. 정치인들이 경제인들에게 선물한 잘못된 융통성이다.

위법적 융통성은 철퇴를 맞았고, 사회도 사전적 융통성의 정의로 돌아가는 계기가 마련되었다.

특히 SK비자금 사건은 최도술씨로부터 시작해서 이회창씨까지 파헤쳐졌지만, 정치 지도자의 능력에 의해 올바른 개혁이 추진되어 온 것이 아니라, 지도자의 지도력 부재와 핵심 참모 비리에 의해 부서지고 깨어진 막다른 골목에서 투명한 정치의 대개혁이 형성되어지고 있는 것이다.

어쨌든 노무현 정권의 반사적 개혁 성공 사례다.

그러나 자발적 개혁 의지의 소산물이 아니기에 개혁 신념의 탄생물이 아닌 것이다.

화들짝 놀라 도랑 치다가 왕가재 잡은 격이다.

이제는 뇌물에 흔들릴 바보 같은 정치인도 없거니와, 뇌물로 반사 이득을 보려는 쪼다 같은 경제인도 사라져 버렸다.

열린우리당은 이러한 상황을 잘 살펴서 모든 정치인과 화합하여 개혁을 달성하는 올바른 융통성이 너무나 요구되는 시기다.

절망적 탄성이 일 뿐이지…….

12 지역주의와 구 정치인

▷ 지역주의는 변비와 같다
▷ 지역주의를 부추기는 장본인
▷ 노대통령 당신은 구 정치인의 수혜자
▷ 구 정치인의 시대적 숙명
▷ 구 정치인의 위치에 서 보라
▷ 유독 정치인만 선배를 헐뜯는다
▷ 구 정치인이 젊은 정치인에게 준 선물
▷ 개혁 성공을 위해서는 '증오'를 '섭섭'으로 낮추어야
▷ 경제와 정치
▷ 전직 대통령에 대한 예우

지역주의는 변비와 같다

　열린우리당은 '지역주의 타파'가 정치 개혁의 가장 으뜸인 것으로 누차 강조하고 있다. 그리고 노대통령은 강한 어조로 '현재의 지역 구도 정치가 계속되는 한 한국 정치의 미래는 없다'고 했다. 분명히 바른말이다.
　그러나 정치 철학에 대해 늘 관심을 가져왔던 나로서는 열린우리당과 노대통령의 말에 서글픔이 앞서고, 그들의 텅 빈 정치 철학에 한국 정치의 미래가 맡겨져 있다는 생각을 하니 눈앞이 캄캄하다.
　그 이유는 3가지다.
　첫째, '지역주의'라는 용어를 '개혁'이라는 용어만큼이나 자주 내뱉으면서도 국민을 설득시킬 만한 현실적 대안이 전혀 보이지 않는다는 것이다. 그것은 여론 조사에서도 나타나고 있다.
　지금 그들의 대안은 너무나 비현실적이고 이상적 꿈에 지나지 않는다.
　현실적 대안이 명확하지 않는 한 지역주의 타파에 대한 열정은 사상 누각이다.
　순식간에 그들이 말하는 창조적 파괴는 사라지고 '개혁 혼란의 블랙홀'이 다가오고 있다.

둘째, '지역주의 타파'라는 용어는 '개혁'과 같은 성격의 용어로서 자꾸 입으로 오르내려서는 안 되는 용어이다.

그것은 공부를 잘못하는 자녀에게 자꾸 공부 못 한다고 꾸짖는 것과 같다.

'공부를 못 하는 한 너의 장래는 없다'라고 못박는 듯한 막말을 자녀들에게 강한 톤으로 퍼붓는 것과 같다.

가끔씩 '너는 언젠가는 공부를 잘 할 수 있는 재능을 가지고 있다'라고 힘을 실어주는 것이 가정 철학의 기본이다.

노대통령은 '지역주의는 나의 임기 내에 국민들의 높은 의식수준으로 자연스레 타파되고 말 것이다'라고 해야 올바른 정치철학이 내재된 지도자의 큰 마음을 보여주는 것이다.

셋째, '지역주의'는 변비와 같다.

진정 정치 철학을 깊이 간직하고 있는 정치인이 있다면 지역주의는 변비와 똑같다는 사실을 알고 있을 것이다.

진정 언론 철학을 깊이 간직하고 있는 언론인이 있다면 '지역주의 극복 방안'이라는 TV토론 주제를 사용하지 않을 것이다.

지역주의는 최고 지도자가 훌륭한 정치를 펼치기 시작함과 동시에 자연스레 사라져 가는 묘한 것이기 때문이다.

별도로 지역주의 극복 방안을 내세우고 그 곳에 집중할 필요도 이유도 없다.

그것은 변비와 같다.

사람도 변비가 심하면 생활이 매우 힘들며 건강도 악화된다.

그렇다고 임시 방편으로 이 약국 저 약국 쫓아다니며 이 약,

저 약 먹어봐야 치유가 잘 되지 않는다.

음식 선택도 중요하지만 철저한 운동이 특효약이다.

변비가 심하다는 생각을 버리고, 하루 1시간씩만 조깅해 보라. 두 달이면 자연스레 변비가 퇴출된다.

'지역주의 타파'도 마찬가지다. '지역주의 타파 방안' 자체만 놓고 아무리 연구해 봐도 현실적 대안은 나올 가능성이 희박할 수밖에 없다.

오히려 변비약의 부작용처럼 더 심각해질 수도 있다.

열린우리당과 노대통령은 '지역주의'라는 용어를 아예 쓰지 말고, 향후 정국을 풀어나가야 할 것이다.

개혁 열정만 퍼붓는 발언들은 국민들에게 '박카스'와 같은 임시 피로 회복제 역할만 하며, 세월이 흐른 후 국민의 신뢰를 받지 못한다.

특히 '지역주의'에 대한 발언은 자신의 정치 철학의 빈곤을만 천하에 노출시키는 역할을 하게 된다는 것을 정치인들은 명심해야 한다.

지역주의를 부추기는 장본인

한 집안에 3형제가 모두 출가해서 가정을 꾸려나가고 있다.
그런데 둘째와 셋째 사이가 너무 안 좋다.
과거에 있었던 일로 감정의 골이 많이 파여 있다.
큰형님은 사실 중간에서 어느 편도 들 수 없는 입장이다.
이럴 때 집안에 큰일이 있어 다 모이면, 정말 분위기가 썰렁하고 냉랭하다.
큰형님은 하는 수 없이 둘째와 셋째를 함께 불러 놓고 집안 어른들도 같이 모셔서 화해를 위한 토론을 여러 번 해 봤지만 그 감정의 골은 좁혀지지 않는다.
고민을 거듭한 나머지 큰형님은 지혜를 짜냈다.
제사 때마다 큰형님 동네에 사는 3류 코미디언을 30분 정도 집으로 불러들였다.
코미디언에게 자초지종을 얘기한 것이다.
코미디언의 도움으로 3형제가 자주 배꼽을 쥐는 일이 있다보니 분위기가 점점 나아졌다.
몇 번의 제사를 지낸 후 둘째와 셋째는 화해가 되었다.
이것은 함께 웃는다는 것이 대단한 능력을 발휘한 예이다.

지역주의의 깊은 골은 이런 것이 아닐까.

지역주의의 문제점과 원인, 그리고 이를 악용한 정치 지도자들에 대해 심각하게 토론하는 것으로 해결되지 않는다.

큰형님처럼 문제점 자체에서만 찾으려 하지 말고 서로의 깊은 감정의 골을 얘기조차 꺼내지 않도록 하여, 전혀 다른 곳에서 해결해 나가야 한다.

큰형님이 3류 코미디언을 등장시켰듯이, 진정으로 지역주의를 타파하고 싶다면 노대통령은 지역주의 운운하지 말고, 정치 무대의 격만 높여주면 된다.

그 방법은 3가지로 요약될 수 있다.

첫째, '아! 역시 정치 잘 한다'라고 국민들이 느끼게 해야 한다. TV뉴스에 노대통령의 모습을 보고 싶게 하면 된다.

둘째, 당과 당 사이에 화해 분위기를 조성시키고 격조 높은 대화를 할 수 있는 여건을 만들어야 한다. '누구는 개혁을 찬성하고 누구는 개혁을 반대하고' 하는 흑백 발언은 삼가야 된다.

셋째, 정치 무대에서 '배신'이라는 용어가 사라지게 하고 신의를 지키는 지도자가 되기 위해 아무리 힘들더라도 다시 한 번 열린우리당과 민주당의 통합 논의를 해야만 한다.

이렇게 한다면 임기 중에도 지역주의를 가장 쉽고 빠르게 타파한 최고 지도자로 인정받을 수 있을 것이다.

위의 3가지를 요약해 보면 노대통령은 지역주의를 오히려 부추기는 장본인 역할을 본인도 모르게 하고 있다.

최근 지역주의에 대한 여론 조사가 허무 맹랑한 것이 아님을 보여주고 있다.

노대통령 당신은 구 정치인의 수혜자

경제가 빈곤한 나라의 정치 행태를 전세계에 걸쳐 분석해 보라.

경제가 뒷받침되지 않고 수준 높은 정치 민주화가 된 나라를 지적해 보라.

부정 부패가 선진국보다 적고 깨끗한 빈민국이 있으면 얘기해 보라.

경제 빈곤국으로 지방 분권을 자신 있게 실행하는 나라를 열거해 보라.

노대통령은 구 정치인, 즉 그가 말하는 낡은 정치인의 수혜자임을 명심해야 한다.

지방 분권을 자신 있게 밀고 나가려 하지 않는가.

개혁이라는 단어에 매료되어 그들의 업적을 과소 평가하지 말아야 한다.

전세계의 나라들 중에, '한국이 경제를 혁신적으로 발전시켰다'고 확신하는 나라가 과반수 이상은 될 것이다.

경제 후진국들은 한국의 경제를 너무나 부러워하고 있다.

구 정치인들의 시대적 숙명

 과거 구 정치인들 시절에는 경제가 정치의 중심에 서 있었다. 그들은 국민의 배고픔만 해결해도 가슴이 뭉클할 정도로 기분이 좋았다.
 그들은 다른 나라와의 경쟁 우위를 위해 대기업을 키우기 시작했다. 자연스럽고 민주적인 경제 원칙이 아님에는 틀림없다. 가장 효율적인 방법이긴 했지만 무리를 했다.
 국가의 특혜로 대기업은 돈벼락을 맞았고, 재벌이 등장했다. 그들은 큰 수혜자이며 구 정치인들이 너무 고마웠다. 구 정치인들은 재벌을 만든 장본인들이다. 구 정치인들은 어쩔 수 없이 돈이 필요했고, 재벌들은 그것을 뻔히 알고 있기에 정경 유착이 된 것이다.
 재벌을 만들어준 구 정치인에게 도저히 가만히 있을 수 없었다. 줄 것은 돈밖에 없었다. 돈으로라도 그 은혜를 꼭 보답해야 했다. 여기서부터 대기업의 끈질긴 뇌물 공세가 시작된 것이다.
 황금알을 낳는 재벌이 되기 위해 너도나도 재벌에 도전했고 그 도전 속에는 검은 돈의 크기가 재벌 가능성을 좌우했다.

나는 여기서 부정 부패를 논하고 싶진 않다.

그것은 외화를 벌어들여 오직 부강한 나라를 이룩해 보겠다는 구 정치인들의 강한 욕심에서 비롯된 정치 사회적 부조리이기 때문이다.

만일 인위적으로 대기업을 만들어 수출 경쟁력을 높일 생각을 하지 않고, 우리의 어려운 경제를 그대로 방치했다면, 지금 한국은 어디쯤 가고 있을까?

그리고 그렇게 심했던 정경 유착도 아마 찾아보기 힘들었을 것이다.

노대통령, 당신께서 이러한 구 정치인의 시대적 배경을 알고 있으시다면, 지금 정치 무대가 이러한 모습으로 단절되지도 않을 것 같습니다.

좀더 서서히 그들의 공과를 되새기며 개혁을 해도 늦지 않습니다. 그들을 미워해서는 안 됩니다.

그것이 정치 아닙니까.

구 정치인의 위치에 서보라

 정치는 명료한 것이라 생각하여 정치적 사건을 서둘러 명료하게 정리한다는 것은 엄청난 후유증을 각오해야 합니다.
 김문수 사건, 김두관 사건, 부안 군수 사건, 민주당 분열, SK 비자금 사건, 이것 모두 간단 명료하게 보면 큰일나는 것이죠.
 정치가 명료하지 않은 이유는 정치의 양면성 때문입니다.
 양면성이란 자연성과 인위성입니다.
 지금 열린우리당 정치인들은 구 정치인들에 대해 너무나 간단 명료한 정의를 내립니다. '낡은 정치인'이라고…….
 경제가 허허벌판이었던 그 시절, 구 정치인이 신참 정치인이었던 그 시절, 그 허허벌판에 지금 열린우리당 정치인들이 대신 서 있다고 가정해 봅시다.
 국민들은 어려워 허덕이고 있는데도 그들은 재벌 정책의 불법성을 규탄했을지도 모릅니다. 매우 비민주적이었으니까요.
 아니, 수출 주도 경제를 살리지 못해서 재벌 자체가 없을는지도 모릅니다.
 오늘날, 구 정치인은 비리에 많이 연루되어 있을망정 그 시대적 배경에서는 가장 효과적인 경제 성장의 정치를 이끈 사람들이 아닙니까.

누가 구 정치인들을 명료하게 '물러가라'고 외칠 수 있단 말입니까?

유독 정치인만이 선배를 헐뜯는다

오늘날 젊은 정치인들은 너무 무례합니다.
지나치게 이기주의적입니다.
노대통령도 거기에 속해 있습니다.
그렇지 않다고 자신한다고요?
그렇다면 제가 말씀드리겠습니다.
경제인을 보십시오.
예술인을 보십시오.
스포츠인을 보십시오.
언론인을 보십시오.
선배를 가장 배척하고 창피를 주고 민망하게 하는 분야는 정치밖에 없습니다.
공과는 다 있지만, 정치야말로 물론 어느 분야보다도 가장 힘든 분야라 할 수 있습니다.
 국민들은 그렇게 할 수 있지만, 후배 정치인들이 국민들의 뜻이라 하여 그렇게 나서면 안 됩니다.
 세월이 조금만 지나면 자연스레 세대 교체가 되기 마련인데 서둘러 가슴에 못을 박을 수 있나요.

진정 잘못된 선배 정치인들은 후배 정치인들이 그렇게 눈치 주지 않아도 정계를 떠난 후 국민들에게 창피를 톡톡히 당합니다. 국민의 뜻 운운하며 선배 정치인을 공격하는 것은 정치가 아니고 국민의 눈치 보기지요.

꿋꿋이 자기의 정치 능력을 완성하는 데 최선을 다하고 그곳에 전력해야지, 선배 정치인 헐뜯기에 연연한다면 진정 국민의 눈망울을 보는 것이 아닙니다.

점잖게 타이르는 겁니다.

코미디언들은 참 잘 한답니다

배삼룡씨가 그랬습니다.

구 정치인이 젊은 정치인에게 준 선물

 경제가 어려운 나라에서 정치인은 경제를 우선 살리는 것이 가장 적절한 정치입니다.
 그것을 최우선으로 하다보니 구 정치인은 합리성과 순리성이 좀 떨어지는 반면, 융통성과 이율 배반성을 정치의 중앙으로 옮겨야 하는 기형 상황이 벌어집니다.
 그래도 가장 효율적 정치였습니다.
 경제를 우선 살리지 않고서는 정치를 살릴 수 없습니다.
 국민들이 풍요로워지면 돈에 흔들리지 않습니다.
 그러나 배고프면 국회의원 선거 때 돈 많이 주는 후보를 고마워서라도 찍습니다.
 가보십시오. 배고픈 나라에 가면 선거는 어김없이 돈잔치입니다. 효과 99퍼센트니까요.
 경제가 어려운 나라는 지식 수준도 낮기 때문에 정치인은 돈으로 승부를 가르게 됩니다. 과반수 이상의 표만 있으면 당선입니다.
 이 말은 경제가 어려운 나라에서는 돈이 없으면 훌륭한 정치인도 정치할 수 없을 지경이라는 말입니다. 고로 경제가 어려우면 훌륭한 정치인을 키워내기가 어렵기에 경제 발전이 늦어진다는 것은 지극히 현실적 진리에 가깝습니다.

 지금 개혁을 주장하고 미래에 정치 발전의 주체가 되는 젊은 정치인들은 정치를 더 넓게, 더 깊게 봐야 됩니다.

 선배 정치인을 '낡은 정치인'으로 더 이상 깎아내려서는 안 됩니다.

 그들이 있었기에 다른 나라들이 부러워하는 경제 혁신을 이루었고, 오늘날 젊은 정치인들이 국회의원 배지를 단 것 또한 그들의 경제 살리기가 아니었다면, 아직까지 그만한 정치 무대까지도 오르지 못했을는지 모릅니다.

개혁 성공을 위해서는 '증오'를
'섭섭'으로 낮추어야

　노대통령은 더더욱 그렇습니다.
　구 정치인의 경제 살리기에 힘입어 김대중씨는 IT산업을 활성화시켰고, 이것은 인터넷 정치를 과속화시켰으며, 젊은이들이 정치에 많은 관심을 갖게 되고, 그 결과 노대통령은 극적인 승리를 이루어냈습니다.
　참으로 기가 막힌 일을 해낸 겁니다.
　노대통령은 첨단 IT산업이 만들어낸 대표적인 대통령입니다.
　노대통령이 대통령에 준하는 능력을 갖추어서 당선되었다고 믿는 사람은 많지 않습니다.
　이회창씨가 마음에 정말 들지 않아, 노대통령 쪽으로 간 표도 많습니다.
　정몽준씨와 후보 단일화 사건 때문에 노대통령이 크게 마음에 들지 않아도 정몽준씨의 표가 조금은 도움이 됐을 겁니다. 도움을 받았다고 해서 도움을 주는 것은 물론 비원칙적입니다.
　정치란 때론 나방과 같아서 누에고치 시절에 자신을 도왔던 껍데기마저 품고 날 수는 없으니까요.

도와준 그들이 조금은 섭섭해할 수는 있습니다.

그러나 노대통령을 도와준 그들은 지금 증오심까지 느끼고 있다는 것이 문제가 되지요.

개혁 실패의 가장 중요한 원흉이 될 수도 있다는 겁니다.

경제와 정치

한국의 경제를 이만큼이라도 부흥시키는 데 가장 큰 역할을 한 것은 그래도 구 정치인이다.

그들이 과감하게 여건을 만들었다는 것은 부인할 수가 없다.

구 정치인의 과오만을 확대시켜 화살촉으로 콕콕 찌르는 젊은 정치인들을 위해 정치와 경제의 관계를 열거해 본다.

첫째, 경제는 정치의 활성화에 기여하고, 정치는 경제의 크기와 방향을 좌우한다.

둘째, 경제는 자연을 최대한 선용하려는 지식의 확대이고, 정치는 인간을 최대한 선용하려는 지혜의 수렴이다.

셋째, 경제는 국민의 삶에 필수 조건이고, 정치는 국민의 삶에 충분 조건이다.

넷째, 경제는 생산을 우선으로 하여 물질적 풍요를 선사하고, 정치는 깨우침을 우선으로 하여 정신적 풍요를 선사해야 한다.

전직 대통령에 대한 예우

노대통령은 몇 년만 지나면 전직 대통령이 된다.
물론 그전에 도중 하차될 수도 있다.
지금 노대통령은 임기를 마친 전직 대통령들에 대한 예우가 미흡해 보인다.
그들이 마음에 들건, 안 들건.
그들이 정치를 잘 했건, 못 했건.
그들을 지지하든, 지지하지 않든.
좋은 분위기를 조성시켜야 한다.
정치는 법 위에 존재한다. 법을 만들어내지 않는가.
그들은 한때 국민의 지지를 받았었고, 위법 사실도 많지만 임기 동안에 온갖 최선을 다한 것은 사실이다.
그들은 어쨌든 국민들에게 좋게, 나쁘게 교훈을 주었다.
여태껏 전직 대통령과 현 대통령의 관계가 원만한 적이 없었다. 이것은 국민의 한 사람으로서 매우 창피스럽다.
독재와 권위주의 시대의 전직 대통령 '발차기' 관습을 정리하라. 이것이야말로 개혁의 터를 넓히는 밑거름이다.
권위를 받드는 자만이 권위를 받는다.

13 언 론

▷ 대통령과 박찬호
▷ 언론 시스템이 망가졌다
▷ 상업 자본주의의 노예
▷ 지금 언론은 흉측한 괴물
▷ 일원화된 언론 창구가 필요하다
▷ 언론과 지도자의 끝없는 알력
▷ 4권 분립의 시대가 왔다
▷ 언론 원장의 출현
▷ 지금 언론이 해야 할 가장 큰 과제
▷ 언론은 알려주지 않을 의무도 있다
▷ 스스로 언론 속으로 들어가서 씹혀지고 있다
▷ 아뿔싸, 잘못 뽑았다
▷ 대통령 후보 토론회 방식, 문제 많다

대통령과 박찬호

오늘 신문에 박찬호에 대한 기사가 나왔다.
한국 언론이 싫다는 것이다.
자신이 원했던 반대 방향으로 기사가 실린다는 것이다.
히스테리적 반응이다.
그는 지금 많은 돈을 벌었지만 엄청난 고통의 나날을 보내고 있다. 지난날의 폭발적인 인기가 다 날아가 버렸다.
오히려 야유와 비난, 그리고 폭언만이 그의 귀에 들려온다.
이때는 신문이 박찬호에 대한 기사를 자제해 주면 좋으련만 그럴 순 없다. 지금 박찬호에게 좋은 기사가 날 리 만무하다.
가능한 본인이 인터뷰를 거절했어야 한다.
그러한 히스테리적 반응은 또 다른 말썽을 낳을 뿐이다.
노대통령도 마찬가지다. 그는 청문회에서 일약 스타덤에 올랐다.
태풍이 몰아치듯, 노대통령을 국민에게 알린 건 언론 매체였다. 아무리 큰 능력을 가져도 언론 매체 없이는 그렇게 갑작스레 부상할 수 없다.
노대통령은 정치인으로서 언론 매체로부터 가장 큰 수혜를 받은 사람이다.

그의 감성적 발언은 그 시기에 국민들의 등을 시원하게 긁어줄 수 있는 절호의 분위기였던 것이다. 그때 청문회가 없었던들 지금의 노대통령은 없었을 것이라고 감히 말할 수 있다.

박찬호의 일거수 일투족이 TV로 생중계될 때 그는 영웅이었고 수십 억의 광고가 밀려 들어왔다.

그는 어떤 일이 있더라도 언론을 그런 식으로 얘기해서는 안 될 은혜를 받았다.

노대통령도 마찬가지이다. 그는 박찬호씨보다도 더 큰 도움을 받았다.

요즘 대통령은 언론과의 관계가 매끄럽지 못하다. 지나치게 감정적이다.

언론에 큰 도움을 받았다고 언론의 잘못을 못 본 체할 수는 없지만, 균형을 잃고 있을 정도다.

언론은 대통령 취임 직후 노대통령 일가와 핵심 주변의 의혹을 크게 과장하여 까발렸다.

그것은 한나라당이 시킨 것도 아니요, 대통령이 미워서라고 생각해서도 안 된다.

언론도 방금 취임한 대통령을 함부로 대할 입장이 못 된다.

박찬호와 대통령은 언론을 바라보는 방식에 문제가 있는 것이다.

언론 시스템이 망가졌다

 오늘날의 언론은 반드시 문제가 있다. 그리고 그 문제 또한 매우 크다.
 노대통령도 똑같이 생각하겠지만, 너무 가까이서 보고 있는 것이 탈이다. 언론은 먼발치에서 보면 문제가 있을 수밖에 없는 입장에 처해 있다.
 언론은 스스로의 목을 조르고 있다.
 그들은 자본주의 원칙에 철저히 직면해 있다.
 기삿거리가 자극적이지 않으면 경쟁에서 낙오되고 도태된다.
 그들에게 가장 두려운 것은 당장 적자를 면하는 것이다.
 언론사들은 대기업보다도 더 치열하게 서로 경쟁을 하고 있다. 처절하게 피를 흘리며 신문 발매수를 늘려야 한다.
 규모가 큰 메이저 신문일수록 심적 부담은 훨씬 더 크다.
 이러한 선결 문제를 해소하기 위해서는 대통령 주변의 기삿거리도 좀 과장하여 자극적으로 쓸 수밖에 없다.
 그들은 다른 경쟁 신문사보다 더 과장하고 자극적인 방법을 최대한 연구할 수밖에 없다.
 그들 또한 자신들이 걸어가고 있는 언론의 방향을 보고 섬찟

거리지만, 순간일 뿐이다. 더 급한 것이 상업 자본주의 원칙에 맞출 수밖에 없는 것이다.

언론은 지금 이렇게 굴러가고 있는 것이다.

언론 스스로가 통제할 수 있는 범주를 벗어나서 막 굴러가고 있다.

이제 언론은 언론이 통제할 수 없다.

언론인들의 능력이 부족해서가 아니라, 언론 시스템이 철저한 상업 자본주의 법칙 아래서 망가져 버린 것이다.

상업 자본주의의 노예

 정부가 언론을 통제하면 언론 탄압의 빌미가 된다.
 문화관광부 장관이 언론을 상대해서 무슨 말을 하든 잘 될 일이 하나도 없다.
 그렇다고 정부는 고삐 풀린 망아지 같은 언론을 그냥 놔둘 수도 없다.
 이것이 언론과 정부의 딜레마이다.
 노대통령도 언론에 대한 감정 표현이나 하지, 구체적인 언론 대책이 없다.
 함부로 발설했다가는 100퍼센트 오해 살 일밖에 없게 된다.
 언론은 지금 중증 환자다.
 본인도 중증 환자임을 알면서도 고칠 엄두도 내지 못하며, 정부에 고쳐 달라고 부탁할 수도 없다.
 언론은 지금 특효약도 없이 홀로 통증에 시달리고 있다.
 언론의 양심으로 돌아갈 수만 있다면, 그 병은 간단히 고쳐진다.
 매우 원론적인 얘기다.
 그러나 언론사가 진정 언론의 양심으로 돌아간다면 순식간에 폐간해야 될 위기가 오며, 언론 경영자는 무능력으로 낙인 찍힌다. 그래서 원활한 경영을 위해 양심을 가지고 있는 듯 보이면서 이익을 추구해야 하는 이중성을 발휘할 수밖에 없다.

독자들에겐 언론의 양심이 비춰질 정도의 최소한의 양심만 남기고, 실제로는 상업 자본주의의 노예가 되기에 바쁘다.

언론은 비대해져 숨을 헐떡거리고 있다.

지금 언론 개혁은 시급하다.

지금 언론은 흉측한 괴물

오늘날 언론의 모습은 정말 흉측하고 비대한 괴물이 되었다.

스스로 일어나서 경쾌하게 걷거나 뛸 수도 없는 비대형 천식에 걸려 있다. 언제부터인가 그들 모르게 병들어 버렸다.

언론은 과장과 자극의 명수이다.

언론 철학은 장롱 깊숙한 곳에 숨겨둔 지 오래다.

경제 신문을 보라.

경기가 조금 나아지는 징후가 보이면 경기가 완전 되살아났다고 하고, 경기가 조금 나빠지면 경기 바닥이라고 난리 법석이다.

그러다 보니 1주일 간격으로도 경기 불황과 호황의 기사가 번갈아 나올 정도다. 때문에 경제 신문을 보는 독자들은 갈팡질팡거릴 수밖에 없다.

이제는 독자들도 신문의 과장법을 염두에 두고 읽어내려 갈 정도다.

정치권에서 언론 개혁이라는 단어를 내뱉기 전에 언론은 스스로 개혁 방안을 마련해야 한다.

언론 자체적으로 공개 토론을 마련해야 한다.

치부를 드러내야 한다.

드러낸 뒤에야 언론 개혁이 올바르게 시작되기 때문이다.

공개 토론 후 자체적으로 언론의 규정을 만들고 강력히 시행할 수 있도록 모든 언론 권한이 주어지는 언론 최고 지도자를 언론인들의 직접 투표로 결정하여 선출하고, 그의 강력한 권한을 가지고 스스로의 개혁을 시작하는 것이 가장 바람직하다.

노대통령이 직접 칼을 댈 수가 없다.

일원화된 언론 창구가 필요하다

 심각한 중증 환자로 치부를 드러내기 시작하는 언론도 현 정치 제도하에서는 그 치유가 불가능하다. 아무리 애써도 임시 방편밖에 되지 않는다.
 물론 언론계도 정치권에서 언론 개혁을 주도하는 것을 원치 않는다.
 이제부터 언론은 언론계에서 수십 년 동안 종사해 온 언론 지도자들 중에서 최고 언론 지도자를 직접 선출해 보라.
 정치와 무관하게 언론인들에만 투표할 자격을 객관적으로 정하고, 그 지도자가 탄생되면 언론의 모든 미래를 그에게 맡겨 버리는 지혜를 짜야 한다.
 모든 전권을 부여받은 언론 최고 지도자는 언론을 가장 잘 이해하고 있을 것이다. 그는 언론의 병폐 중에 언론 스스로 해결 가능한 것은 언론계 내에서 하나씩 개혁해 나가야 한다.
 그러나 언론계 내에서 언론 개혁이 이루어지지 않는 것이 있다. 정치권과 같이 어깨를 맞대고 서로의 권위를 존중해 가며, 풀어나가야 할 것이 반드시 있다.
 이때 언론을 책임지고 있는 언론 지도자와 대통령의 깊은 교감이 필요하다. 국민을 위하고 국익을 위하는 대화가 필요한 것이다.

 이와 같이 대통령은 언론에 대한 관심사를 토론할 수 있는 언론 창구가 있어야 한다.

 노대통령은 언론 개혁을 위해 언론을 책임지는 언론 최고 지도자의 필요성을 언론에 설득하는 것이 바로 언론 개혁의 첫걸음이다.

언론과 지도자의 끝없는 알력

대통령과 언론은 선진국에서도 골칫거리의 대상이다.

대통령이 언론에 대한 불만을 토로해 본들 달팽이의 더듬이다. 잠시 자제하다가 원위치로 돌아간다.

왜냐 하면 언론은 언론대로 크게 잘못한 것이 없을 수도 있기 때문이다.

약간 과장하거나 잘못 전달받은 기사 내용을 확실한 내용으로 착각하여 오보 기사를 쓸 수도 있다.

언론과 정치 지도자와의 감정 싸움은 신문이 나온 이래로 끝이 보이지 않는다.

그들의 신경전에 손해 보는 것은 국민들뿐이다.

왜 이렇게 끝없는 알력이 둘 사이엔 존재하는 것일까?

노대통령은 이러한 원천적인 이유를 알아야만 언론 개혁이 가능하며, 언론과의 원활한 관계가 유지된다.

4권 분립의 시대가 왔다

'3권 분립'이라는 제도는 민주주의의 뿌리다.

약 300년 전부터 권력의 분배를 위해 행정(정부)·입법·사법으로 나뉘어져 저마다의 권한을 행사하며 견제와 균형을 이루었다.

3권 분립이 시작되던 초기 단계의 언론은 정말 보잘것없는 것이었다. 정보 전달 체계가 전혀 없었다.

그 당시에는 수천 명이 일시에 사망해도 요즘 10명의 사망자의 충격보다 적을 수밖에 없었다.

그러기에 권력을 쥔 자는 소리 소문 없이 정적을 살해하기도 하고, 비리를 저질러도 국민의 귀에 들리지 않았다.

이제는 세상이 달라졌다.

대통령의 말투 한 마디가 전국민의 눈과 귀를 쏠리게 한다.

언론 매체의 폭발적인 발달 때문이다.

대통령은 국회와 사법의 견제보다 언론의 견제가 가장 피곤하다.

언론은 움직이는 데까지 쫓아다니며 하루 종일 대통령을 견제한다. 잠깐 실언만 하면 대서 특필한다.

이러한 상황을 그저 언론의 습성이나 작태로만 쉽게 보아넘길 수 없다.

여기서 우리는 중대한 결론을 내려야 한다.

언론은 정부나 사법부처럼 법과 제도로써 국민들을 다스리고 계도하는 권력 기관은 아니지만 '글' 하나로 국민들을 다스리고 계도하여 다른 권력 기관(행정·입법부·사법부)을 견제하는 또 다른 하나의 권력 기관이라는 것이다.

당연한 사실을 왜 그리 심각하게 적느냐고 묻는다면 이렇게 답하고자 한다.

모든 권력 기관은 우두머리, 즉 지도자가 있다. 대통령·국회의장·대법원장 등이다.

새로운 권력 기관으로 당당히 진화된 언론은 최고 지도자인 **언론원장**이 선출되어야 된다는 것이다. 3권 분립의 시대는 이제 끝났다.

4권 분립의 시대가 온 것이다.

언론 원장의 출현

 문화관광부 장관 한 사람이 언론을 살피고 있다.
 그것은 법무부 장관이 대법원장을 살피는 것과 다름없다.
 그러나 언론은 이제 어른이 되었다.
 과거에 장관 한 사람이 언론을 통제하던 시기는 이미 지나갔다. 언론은 이제 언론계를 대표하는 덕망 있는 언론 지도자를 떳떳이 내세워 대통령과 당당하게 동등한 권력 기관으로서 대화와 타협을 해야 한다.
 예를 들면 언론인 스스로가 15년 이상 언론에 종사한 경력을 가진 존경받는 언론인 300명을 직접 선출하고, 그들이 언론계를 이끌 언론 원장을 선출하게 되는 것이다. 즉 국회의원들이 국회의장을 선출하는 형식이다.
 언론 원장이 선출되면 대통령은 언론과의 대화 창구가 일원화된다.
 오늘날 '언론'이라는 새로운 권력 기관은 입법부와 사법부보다 더 무게가 실리는 권력을 쥐고 있다.
 이러한 창구의 일원화 없이는 언론 개혁은 있을 수 없으며, 대통령과 언론의 끝없는 신경전은 멈추지 않을 것이다.

지금 언론이 해야 할 가장 큰 과제

정치는 이상의 기둥과 현실의 기둥 사이가 너무 멀리 떨어져 있는 사회를 고민하면서 법과 제도를 연구하여 이 두 기둥을 가능한 한 가깝게 끌어당기는 다스림이다.

이것은 대단한 정치적 능력을 요구하게 되는데, 바로 중용의 철학이며, 세밀한 저울로 타당의 극치점의 무게 중심을 찾는 기술이다.

능력 있는 정치인은 이를 위한 전 단계로 국민의 수준을 올리지 않으면 안 된다.

어떤 이들은 국민의 정치 수준이 정치인의 수준을 결정한다고들 한다. 그러나 그 논리는 너무나 수동적이고 폐쇄적이다.

결국 정치인이 국민의 정치 수준을 올려야 한다. 그런데 능력 있는 정치인 스스로가 국민의 정치 수준을 올리기 위해 노력하다 보면, 현재의 정치 무대 속에서는 알력과 오해를 만들 소지가 크다. 현재의 정치인 집단에서 수적으로 지극히 열세이기 때문이다.

그것은 훌륭한 책을 쓴 저자가 그 책을 직접 판매하기 위해 적극적으로 나서는 것과 유사하다.

여기서 언론의 역할은 매우 중요하다는 것을 직감해야 한다. '중요하다'고 천번 만번 외쳐도 부족할 정도로 중요하다.

왜냐 하면 언론은 정치인과 국민 사이에 끼어 있는 매체로서 국민의 정치 의식 수준을 올리는 가장 효율적인 에스컬레이터이기 때문이다.

지금 한국에도 훌륭하고 능력 있는 정치인들이 비록 소수이지만 분명히 존재하고 있다. 적어도 수십 명은 족히 된다.

그러나 오늘날의 언론은 객관성과 공정성, 그리고 보편 타당성의 보호막 아래, 능력 있는 정치인의 정치 철학을 국민에게 부각시키는 언론 시스템을 발굴하려 하지 않는다.

그들은 정치적 사건 위주의 정치인들만을 기사화시킬 뿐, 정치적 능력 위주의 기사를 싣는 데는 너무나 비겁하고 옹졸하다. 기껏해야 국회의원의 의정 활동 순위 발표 정도로 양념 치레하고 있지 않은가.

언론은 정치 사건적 위주의 정치인 기사가 국민들로 하여금 그 정치인의 인기를 치솟게 하여 치밀한 검정 과정도 없이 최고 지도자급으로 갑자기 부상시키는 데 큰 역할을 본의 아니게 담당하고 있는 것이다.

노대통령이 그 좋은 사례일 것이다.

훌륭한 정치 지도자가 나타나지 않는 한, 언론과 국민은 항상 고통과 고난의 길이 열려 있는데, 그것은 언론 스스로가 일조한 것이다.

노무현 정권이 들어서고 난 뒤부터, 태생적·본능적 개혁성을 지닌 언론이 '보수(특히 메이저 신문들)'라는 간판도 억울한 마당에, '수구'로 지독한 오해를 받는 것 또한 언론 스스로의 책임이 크다는 것을 인정할 줄 알아야 한다.

그들의 경영진은 코앞에 놓여진 '판매 부수'라는 상업적 자본주의의 한계 속에서 당장 유익한 정치적 사건 위주의 정치인 기사만을 국민들에게 자극시키는 데 혈안이 되어 있다.

핵심 논설 위원과 핵심 기자들은 경영진들이 인정해 주는 방향으로의 논설과 기사를 쓸 수밖에 없는 현실에 끝없는 번민을 하면서도 손끝은 경영진의 마음을 읽을 수밖에 없다.

그러나 이제는 언론 스스로를 위해서라도 조금씩 바꿔 나가야 한다.

소 잃고 외양간도 고치지 않는 습성을 계속 가지고 있을 수는 없지 않는가!

언론도, 국민도, 대통령을 선출한 후에 늘 후회하면서 또다시 잘못 뽑는 끝없는 반복적 과오를 범해선 안 되지 않는가!

정치적 사건 위주의 정치인 기사의 규모를 조금씩 줄이고, 정치적 능력 위주의 정치인 기사를 조금씩 늘려 나가는 계기를 언론사 모두가 힘을 합쳐 만들어 내야 한다.

이것은 언론이 국민에게 할 수 있는 가장 큰 서비스가 될 것이다.

우선 정치적 능력 위주의 정치인 기사를 공정성과 타당성을 근거로 하여 기사화할 수 있는 구체적 연구에 돌입해야 한다.

연예 스포츠 신문에 하루가 멀다하고 기사화되는 이승협과 이효리가, 다른 스포츠 선수와 연예인에 의해 공정성과 타당성 시비가 없는 이유를 잘 살펴보면 정답이 나오지 않을까?

그들은 사건이 터져서 신문 1면을 차지하지는 않는다.

보편 타당한 스포츠 기록과 확고한 매력에 의해 능력을 인정받았기에 계속 일면에 나와도 문제가 없는 것이다.

언론은 이제 정치인의 국회 의정 활동 평가표에 준한 소극적인 정치인 능력 평가보다는 좀더 적극적인 능력 위주의 정치인 기사를 만드는 데 집중해야 한다.

그리하여 훌륭하고 능력 있는 차세대 정치인 발굴에 큰 역할을 담당해야 한다.

이것은 정치가 사는 길인 동시에 언론과 국민이 살 수 있는 길이다.

마지막으로, 정치 능력 위주의 정치인 기사를 공정성과 타당성을 바탕에 두고 적극적으로 기사화시킬 수 있는 사례를 들어 보겠다.

한 달에 한 번씩 신문 1면에 50퍼센트를 할애해서(2, 3면을 사용해도 무관), 〈차기 정치 최고 지도자감은 누구인가?〉라는 제목 아래, 언론인들과 국민들에게 물어보는 형식으로 출발해 보라.

언론인과 국민만을 제한해서 지도자 후보감을 여론화시키는 데는 그 이유가 확고하다. 다른 분야의 지식인들의 여론은 역사의 책임을 명쾌하게 심판받을 수 없는 부분이 존재하며, '분야 이기주의'로 표출될 가능성도 배제할 수 없기 때문이다.

언론인은 젊은 기자층과 경력 있는 언론인으로 나누어 엄선하는 규정을 만들고, 국민은 일반 여론 조사와 같아도 무방하다. 차기 정치 최고 지도자 1위가 신문마다 제각각 다를 수도 있고, 매달 달라질 수도 있다.

　매달 국민이 선정하는 대중 후보감 1위, 경력 있는 언론인이 선정하는 경험적 후보감 1위, 젊은 기자층이 선정하는 열정적인 후보감 1위가 나올 것이다.

　차기 정치 최고 지도자로 생각하는 이유도 간단히 기재해야 되며, 적어도 100위까지(밑에 조그만 활자로 기재) 발표되어야 한다.

　99위에 있던 차기 지도자감이 갑자기 상위권으로 진입하는 묘미도 흥미롭거니와 그 원인 규명도 필요하기 때문이다(축구나 테니스의 세계 랭킹을 연상해 보면 이해할 수 있다).

　각 신문사마다 공히 매월 발표하다 보면, 국민들은 올바른 지도자 뽑기 게임을 즐기게 되며, 대중의 관심도로 말미암아 판매 부수는 분명히 증가될 것이다. 그리고 2, 3년 내에 능력 있는 정치인 발굴에 효과가 나타나게 되고, 약 10년이 지나면 올바른 지도자상이 수렴된다.

　이렇게 언론은 엄청난 자료를 수집하게 되고, 국민들은 언론인이 뽑은 차기 지도자가 그들과 다른 원인도 찾게 되기 시작할 것이다.

　많은 경험을 두루 거친 언론인이 뽑은 차기 지도자와, 젊은 기자들이 뽑은 차기 지도자가 왜 다른지에 대해서도 국민들은 깊이 생각하게 될 것이다.

　이러한 여론이 형성된 후에 실지로 선출된 대통령의 정치 행위의 결과에 따라 저마다 제각각 후보감 1위를 선정했던 언론사들의 공정성과 예측력이 그야말로 역사에 그대로 노출된다.

단지 언론 스스로의 득실만 계산한 '후보 지도자감 여론 뿌리기'를 즐겨한 언론사는 세월이 흐름에 따라 역사 앞에서 스스로 수치심과 자괴감으로 폐간되거나 독자의 외면을 당할 것이다. 이렇듯 언론은 도도히 흐르는 역사 속에서 '수구'와 '개혁'이 판명나야 한다.

짧은 임기 속에 정권을 가진 지도자가 언론의 위상을 함부로 규정하는 것은 '**스티로폴 정치**'의 표본인 것이다.

'언론인은 정치를 바라보는 정치 의식 수준이 국민들보다는 더 높다'라는 논리에 돌을 던질 사람은 별로 없다. 그만큼 늘 가까이서 일거수 일투족을 보고 있기 때문이다.

이러한 생각을 국민들도 다 하고 있는 것이다.

이와 같이 정치 능력 위주의 정치인 기사가 국민의 정치 의식 수준을 높이는 데 큰 영향을 끼칠 것은 분명한 사실이다.

언론의 역할이 얼마나 중요한가를 느낄 수 있는 조그만 언론 개혁 방안일 뿐이다.

그러나 이러한 간단한 생각의 전환이 언론 혁명과 정치 대개혁을 불러일으킬 수도 있다는 사실을 언론인들은 상상할 줄 알아야 된다.

이제 외양간을 고쳐야 되지 않는가!

우리 정치인들 중에 진정으로 능력 있는 정치인을 발굴해 내야 되지 않는가!

이러한 중차대한 일은 누가 주도해야 되는가?

정치를 가장 가까이서 체감하고 있는 언론이 주도해야 한다.

지금 바로 시작하라.

언론 개혁인 동시에 정치 대개혁이 될 것임을 확신 또 확신한다.

여태껏 정치인들의 주도하에 지명된 대통령 후보가 국민들에게는 실망스러워(도대체 정치계에 이렇게 인물이 없는가 하는 탄식) 낮은 투표율을 더 낮추는 결과를 부추기는 작금의 정치 상황에 언론은 역사관과 현실을 동시에 충족시킬 수 있는 예리한 언론의 모습을 태동시켜야 할 때이다.

언론은 궁극적으로 국익을 위해 존재하며, 어떤 다른 분야보다도 먼저 정치의 선진화를 선도해 나가야 할 책무가 있다. 이것은 언론이 존재하는 가장 큰 이유이며 가장 큰 과제다. 이제 언론은 '언론의 정치 개입'이라는 '장애물같이 않은 장애물'을 초월하는 언론의 진정한 철학으로 해결해 나가야 한다.

언론은 알려주지 않을 의무도 있다

언론은 국민들에게 많은 것을 가르쳐 준다.
국민들에게 알려줄 권리가 있다.
신문사들이 서로 경쟁하듯 많은 정보를 쏟아붓는다.
계속 정보만 많이 전달하면 인기가 높아진다.
좀 특이한 것을 대서 특필하면 거의 성공적이다.
그러나 지금 언론은 너무도 무책임하다.
정치 문제도 그렇지만 사회 문제는 더 심각하다.
신창원이 아파트 가스 파이프 타고 올랐다는 기사는 강도와 도둑질하는 테크닉을 선물했고, 로또복권 붐을 일으켜 복권 회사를 대박으로 키우고, 수만 명 이상이 무리한 복권 사재기로 지금 괴로워하며, 그들은 지금 어떤 살 궁리를 하고 있는지 아는가? 언론은 지금 모든 것을 알려준 결과에 대해 득실의 부등식은 평가하고 있는가? 그 '알림'이 국민들에게 진정 도움이 되고 있단 말인가?
언론은 '알림의 철학'을 깊이 사색해야 될 때가 지났다.
'모르는 게 약'이라는 케케묵은 상식이 지금 왜 이렇게 새롭게 보이는가.

스스로 언론 속으로 들어가서 씹혀지고 있다

　개혁 핵심 세력들은 보수 세력이나 기타 정치권에서 말만 나오면 되받아친다.
　탁구공 체질인가?
　제발, 입은 막고 귀만 열라.
　숨만 쉬고 눈만 떠라.
　잔챙이들의 따지기는 제발 그만둬라.
　개혁은 심장의 깊숙한 곳에서 느껴지는 철학을 머리에서 가다듬고 손과 발로 하는 것이다.
　입을 가능한 한 사용해서는 안 된다.
　언론이 그들을 씹는 것이 아니다.
　그들 스스로가 언론 속에 들어가서 씹혀지고 있는 것이다.

아뿔사! 잘못 뽑았다

노대통령은 언론 개혁을 해야 되겠다는 동기를 1990년 3당 합당 때 책임 있는 〈조선일보〉 직원의 '욕지거리'를 보고 생각했다고 한다.

나는 이 기사를 읽고 단 한 번 크게 실망했다.

언론과 싸워야겠다는 생각을 한 동기가 너무나 감정적이라는 것이다.

그 당시가 매우 민감한 시기였음은 물론 이해하지만, 언론사의 한 직원의 애기에 거대한 〈조선일보〉의 도도한 언론 역사를 망각한 것이라면 참으로 슬프다.

어찌해야 할꼬.

올바른 생각은 분명히 가지고 있는데,

그 올바름이 철학에서 나오기보다는 감정에서 나오니…….

개혁은 열망하나, 걱정부터 앞선다.

대통령 후보 토론회 방식, 문제 많다

2003년도 대선부터 토론회 방송 결론부터 말해 본다.
후보들만 얘기할 수 있도록 해야 한다.
치고 박고 싸움을 해도 내버려두면 된다.
국민들이 보고 있으니까.
정치·경제·사회 나눌 필요도 없다.
정치 이야기만 1시간 토론하더라도 자연스레 경제·사회 문제가 나온다.
사회자가 질문할 필요가 없다. 시간만 아깝다.
그리고 생동감이 떨어진다. 생동감이 없으면 지루하다.
1분, 2분 발언을 정해 둘 필요도 없다.
전체 시간을 30분으로 정하고 먼저 쓸데없는 말을 해 시간을 다 소모하면 마이크가 꺼지고 듣기만 해야 되니까.
대화의 생동감 속에서 후보자의 숨어 있는 능력이 나오게 되는데, 현재의 토론 방식에서는 숨어 있는 후보자의 능력을 국민들이 파악하기가 쉽지 않다.
고로 대통령을 잘못 뽑을 경우가 허다하다.
토론의 영향력이 매우 크기 때문이다.

14 독설

▷ '창조적 파괴'라고 하셨나요?
▷ 혼란 공장 공장장
▷ 과연 지워질까?
▷ 개혁을 빙자한 속좁은 지도자?
▷ 국론 분열 제조업체 대표
▷ 이러다간 개혁은 실패하고 만다
▷ 히스테리적 권위주의의 예
▷ 갑자기 치솟는 지도자의 인기를 조심하라
▷ 드라마틱한 취임 후의 비아냥
▷ 두 가지 유형의 배신
▷ 언론과의 인터뷰를 아예 말라
▷ 노대통령 개인을 싫어하진 않는다
▷ 어쩌면 이렇게 닮는가

'창조적 파괴' 라고 하셨나요?

저는 따지고 싶을 때는 항상 존대가 나옵니다.
'창조적 파괴'라고 하셨나요?
제가 보기에는 매우 적절치 않은 용어 선택입니다.
비서실은 지금 뭘 하시나요?
태풍이 불 때도, 감사원장 임명 동의안이 부결될 때도, 재신임의 결단을 내릴 때도, 비서실이 없는 것처럼 보입니다.
청와대는 지금 따로 국밥인가요?
대화를 그렇게 즐겨하는 대통령에게 '이건 아닌데요'라고 건의해 본 적이 있나요?
그러한 건의를 할 수 있는 포근한 여유를 대통령에게 느낄 수가 없나요?
대통령의 개혁 의지에 조금이라도 걸림돌이 되는 발언은 삼가고 있나요?
'맞먹자는 거요?'라고 하실까 봐 윗사람에 대한 설득력을 포기하셨나요?
지금 이런 식으로 운영된다면 비서실이 당연히 할 일이 없어집니다.

그리고 국민으로부터 대통령과 함께 계속 욕만 먹게 되는 거죠. 가장 가까이 에서 속삭이듯 직언할 수 있는 것이 바로 비서실의 위상입니다.

'창조적 파괴'라는 용어에 문제가 매우 많다고 봅니다.

이 용어를 모험과 위험을 감수하는 전위 예술가가 사용하면 탁월한 언어 선택입니다.

혁명가가 사용한다면 그래도 부분적으로나마 좀 이해를 할 수도 있습니다. 그러나 지금의 정치 상황에서 개혁에 전혀 도움이 되지 않는 용어입니다.

극소수의 급진 세력에게만 힘을 실어주는 용어입니다.

어떻게 보면 열린우리당을 제외한 기존 정당을 파괴해야 창조적 정치가 가능하다는 결의에 찬 논리가 아닌가요?

왜 이런 용어를 써야 됩니까?

갈수록 태산이군요.

정치인은, 특히 최고 지도자는 '파괴'라는 언어를 사용해선 안 됩니다.

그 앞에 어떤 미사 여구를 붙이더라도 '파괴'란 용어는 적절치 않습니다.

정치 철학의 빈곤에서 나오는 용어이지요.

혼란 공장 공장장

지금 여당인 민주당은 갈라섰다.
신·구 주류로 나뉘어져 만나기만 하면 멱살잡이를 했었다.
노대통령 말대로 막가자는 것일 게다.
정치 무대를 바라보기가 역겹다.
외국인들이 한국 정치를 어떻게 보겠는가.
이것이 개혁을 위한 갈등으로만 해석할 수 있는가.
그 점잖고 괜찮은 정치인들이 신·구 주류를 막론하고 흉칙스럽게 변해 버렸다.
회복하기 힘들 정도로 무너져내렸다.
겉으로만 통합을 외치면서 정치인 행세를 하지만, 속으로는 서로 죽이려는 행패꾼의 감정 싸움이다.
신주류는 구주류를 발목잡는 사람들로 규정하고, 구주류는 신주류를 어이없는 사람들로 규정했었다.
이런 규정을 해놓고 대화를 하자고 하니 천번, 만번 대화해도 풀릴 게 없다.
이와 같이 민주당을 극과 극으로 몰고 갔던 가장 핵심적 장본인이 누구인가?

바로 노대통령이다.
혼란 공장 공장장임을 부인할 수 없다.

과연 지워질까?

왜 노대통령이 민주당 분열의 핵심적 책임자인가?

민주당의 분열은 민주당에 대선 후보 경선을 끝낸 후 표면화되기 시작했다.

민주당 경선이 시작된 직후 그 당시 노무현 후보에 대해 민주당 내에서는 최고 지도자의 자질론을 가지고 찬반 양론이 극과 극을 맴돌고 있었다.

'이회창을 이길 후보는 노무현밖에 없다.'

'노무현은 어쨌든 최고 지도자의 자질과 소양을 갖추고 있지 않다.'

이 두 가지로 요약된다.

노무현 대통령의 귀로 이러한 속삭임이 들려왔다. 아니, 속삭임이 가속되어 노골적으로 들려왔다.

여기서 노무현 대통령은 이를 더 악문다.

누구나 사람들은 자기 자신에 대해 잘 알지 못한다.

자신의 대통령 후보 자질론을 노골적으로 비하하는 민주당 내의 중진급 정치인들에 대해 자신을 되돌아볼 시간도 없이 마음의 칼을 갈고 있었을 것이다.

'한나라당 정치인들보다 더 얄미운 민주당 중진급 정치인들'이라고…….

노대통령은 이런 마음을 대통령 취임 후에도 지워 버리고 있지 않는 것이다.

개혁을 빙자한 속좁은 지도자?

노대통령을 개혁의 역량과 추진력을 충분히 가지고 있다고 확신하는 추종자들은 지금 열린우리당 정치인들이다.

이들은 노대통령의 개혁 의지와 추진력에 대해서는 확신을 가지고 있다.

그런데 노대통령의 개혁 역량에 대해서는 열린우리당 정치인 중에서도 일부는 침묵을 지키고 있다.

민주당 내의 중도파가 있다.

그들은 노대통령의 개혁 의지와 추진력에 대해서는 인정을 하고 있다.

그러나 노대통령의 개혁 역량과 개혁의 방향에 대해서는 좀 회의적인 생각을 가지고 있다.

앞으로 점점 더 심해질 것이다.

민주당 정치인은 또 다르다.

그들은 노대통령이 개혁 의지는 있어도 개혁 역량과 개혁 방향을 잘못 잡아가고 있다고 생각하고 있다.

그들은 구 민주당 경선 당시부터 노무현 대통령의 최고 지도자 자질론을 의심했던 사람들이고, 이를 빌미삼아 감정을 지우지 못하고 민주당을 공중 분해시켜 그들을 암암리에 정치 무대의 떠돌이로 전락시키려고 하는 노대통령의 신당 창당 작업부터가 개혁의 속좁은 지도자의 무리수라고 확신하고 있는 것이다.

국론 분열 제조업체 대표

 노대통령이 과연 개혁을 빙자해서 열린우리당 창당을 하면서 자연스레 코드가 맞지 않는 민주당 정치인을 청소할 생각을 가지고 있었을까?
 노대통령 스스로는 웃는다.
 '나는 진정으로 큰 개혁을 원하는 것뿐이다. 그 큰길로 나아가는 데 그들이 좀 걸릴 뿐이다. 개인적 감정은 과거에는 있었으나 지금은 전혀 없고 있어서도 안 된다'라고 말하면서…….
 자, 여기서 우리는 무엇을 느끼는가?
 한 가지의 사건이 두 가지 전혀 반대 상황으로 얘기해도 둘 다 진실인 것처럼 보인다는 것이다.
 누구의 말을 믿으란 말인가.
 국민들은 반반으로 나뉜다.

이러다간 개혁은 실패하고 만다

 노대통령이 취임 후 국민을 가장 시원하게 했던 말은 '부정부패에 연루된 자는 패가 망신시키겠다'는 말로 기억된다.
 그 뒤로는 개혁을 성공시킬 만한 훌륭한 지도력을 체감할 수 있는 말을 들을 수가 없다.
 지금 그는 여당 내의 정적들과 싸우는 것처럼 비춰지고 있다. 그는 국민들의 다수가 미워하고 있다는 사실을 알고 있는지 모르겠다.
 그는 '법과 원칙'이란 말을 자주 사용하고 있다.
 전직 대통령 김영삼씨가, "개핵(?), 개핵(?)" 하면서 그렇게 잘 사용했던 '법과 원칙'인 것이다.
 이러다간 노대통령의 개혁은 실패하고 만다.

히스테리적 권위주의의 예

 1남 1녀의 자녀를 둔 4인 가족의 예를 들어보자.
 고등학교 다니는 아들은 속이 좁은 대신, 맑고 깐깐해서 공부에 대한 애착이 강하다. 반에서 상위권에는 들어간다.
 그런데 집안이 말이 아니다.
 TV도 제대로 못 보고 그 아들에게 무슨 말을 하기가 무섭다. 가난하기 때문에 방음이 잘 안 되어서 자기 공부방에 TV 소리가 들린다느니, 도시락 반찬이 마음에 들지 않는 날엔 먹지도 않고 와서 짜증을 부린다.
 하나밖에 없는 누나를 바보 취급 비슷하게 하니 남매 사이의 정도 별로 없다. 말 받아치기 명수다.
 그런 부분들을 부모가 나무라면 공부를 안 하고 단식에 들어간다. 부모로서는 참으로 괘씸하기도 하지만 참는다.
 공부 잘 한다고 성공하지는 않지만, 공부할 수 있는 분위기를 최대한 만들어 주고자 하는 것이다.
 그러나 부모는 너무나 힘들다. 아들이 가끔씩 부모에게도 막말을 하기 때문이다.
 부모는 아들에게 종노릇하듯 살아간다. 부모는 어떤 결단을 내려야 하나, 지금 고민하고 있다.

며칠 전에 누나와 또 다투었다. 이 아들은 히스테리적 권위주의형이다.

똑바로 하고 있는데 주위에서 피곤하게 하지 말라는 것이다.

한마디로 안하 무인이다.

'내가 지금 공부하고 있는데 어느 누가 감히!'

이런 뜻일 게다.

여기서 부모는 국민이요,

누나는 민주당 정치인들이요,

아들은 노대통령이라 비교해 본다.

개혁이 실패할지 성공할지도 모르는데, 개혁만을 앞세우고, 주변을 쑥대밭으로 만들고 있다.

갑자기 치솟는 지도자의 인기를 조심하라

　지도자의 능력이 클수록 개혁 성공률은 높지만, 지도자의 개혁 집착도가 높다고 해서 개혁 성공률이 큰 것은 절대 아니다.
　오히려 개혁 집착도가 높은 지도자일수록 능력이 뒤떨어지는 경우가 너무나 많다.
　그러나 개혁 집착도가 높은 지도자일수록 국민들의 인기는 갑자기 치솟게 되고, 마치 개혁 집착도가 능력인 양 오해한 국민들은 그 지도자에게 나라를 맡기게 되지만, 그의 능력을 재검토한 후 인기의 거품은 사라지고 갑작스레 허무의 그림자가 깔린다.
　지금 노대통령이 이와 흡사한 시험대에 오른 지도자이다.
　그는 지금이라도 청와대 참모진과 장관들을 능력 위주로 대거 교체하지 않으면 안 된다.

드라마틱한 취임 후의 비아냥

　노대통령은 국민이 진정으로 뽑아준 대통령으로 어느 역대 정권보다도 자부심으로 가득 차 있다.
　이승만도, 박정희도, 노태우도, 김영삼도, 그리고 김대중도 국민이 선택했다. 이승만·박정희 시대는 경제가 매우 어려웠다. 부정 선거의 표본이었다.
　노태우씨는 양김의 분열 때문에 선택됐다.
　김영삼씨는 3당 야합을 통해 묘하게 선택됐다.
　김대중씨도 당내 직접 경선을 통하지 않고 대통령으로 선출됐다.
　그러나 노무현 대통령은 당내에서 검증받고, 정몽준씨와 후보 단일화 검증도 받았다.
　그리고 개혁을 바라는 젊은층의 열기를 인터넷 선거로 승화시켜, 그야말로 가장 민주적 대통령으로 선택된 것이다.
　그야말로 이렇게 드라마틱하게 성공적으로 대통령에 당선된 예가 외국에서도 드물 정도다.
　그런데 왜 이렇게 국민들은 개혁도 시작하기 전에 고개를 서서히 돌리고 있는 것일까?

노대통령의 개혁의지를 비웃고 있는 것이다.
 개혁 의지의 열정에 걸맞은 개혁 능력이 턱없이 부족하다고 느끼고 있는 것이다.

두 가지 유형의 배신

 민주당은 노대통령을 '배신자'라고 난리 법석이다. 그쪽 입장에는 확실한 배신자임이 틀림없다. 아무리 생각해도 배신자인 것이다.
 정몽준씨와 단일화 경선을 끝낸 이후로 그들은 노무현 대통령이 당선되도록 정말 최선을 다 했다.
 결국 대통령을 만드는 데 분명 일조를 했고, 뭔가 한번 노무현 대통령과 관계 개선을 하고 잘 해 보려고 했던 것도 분명하다. 이런 과정을 생각해 볼 때 노대통령을 충분히 '배신자'라고 부를 수 있다.
 정몽준씨도 노무현 대통령을 배신했다.
 그도 역시 노무현 대통령의 대통령 능력에 대해 의구심을 가지고 배신한 것으로 추측된다.
 그의 말투에 진저리가 났다고 볼 수도 있다.
 하나는 배신한 자의 책임이요,
 또 하나는 배신당한 자의 책임이다.
 정치 최고 지도자의 위치에 있기 때문이다.

언론과의 인터뷰를 아예 말라

 노대통령의 말은 갈수록 태산이다.
 언론들은 대통령과의 인터뷰를 하고 신문 1면에 기재한다.
 신문이 나오고 난 다음 날부터 정치계는 온갖 시정 잡배의 용어로 언어 대잔치가 열린다.
 노대통령은 감정의 불씨를 전국 방방곡곡에 나르고 있는 사람인가?
 말 한 마디에 정치권은 아연 실색을 한다.
 대통령의 말이 이렇게 감정을 진하게 담고 있었던 전례가 없다.
 너무 솔직해서 그렇다?
 그건 솔직한 것과 너무 다르다.
 열린우리당에 대해 우호적이라는 사실을 국민은 다 알고 있다.
 왜 그런 인터뷰를 해서 다른 당과는 '비우호적이다'라는 논리를 연상케 하는가.

노대통령 개인을 싫어하진 않는다

민주당의 핵심 정치인들의 다수가 구 민주당 경선 당시 노무현 대통령의 최고 지도자 자질에 의구심을 가진 것은 틀림없다. 그래서 이인제씨를 돕고 노무현 대통령을 돕지 않았다.

그들은 이인제씨가 대선 후보로 나서서 당선만 되면 개혁과 보수 진영을 모두 끌어안고, 구 민주당 전통을 살리면서 멋지게 정치할 수 있을 것이라 생각했다.

구 민주당 경선 당시 제주도부터 시작해서 광주에서 놀라운 결과가 나왔다. 노무현 대통령이 뜨기 시작한 것이다.

광주에서 가장 혁신적인 노무현 도우미가 있었으니 신문 기사 내용대로라면 양길승씨이다.

여기서부터 이인제씨는 오해와 울분과 음모설을 토해 내며 경선을 포기했다.

이인제씨를 선호했던 민주당 핵심 정치인들은 매우 난감해진 것이다.

그러나 분명한 것은 그들은 노무현이라는 개인을 싫어한 것은 아니다. 노무현 대통령의 대통령 능력을 의심했던 것이다.

그런데 노대통령은 민주당 정치인을 싫어하고 있다.

어쩌면 이렇게 닮았는가

신기남씨, 천정배씨, 김두관씨, 이창동씨, 유인태씨 등 모두 노무현 대통령을 닮았다.

그들은 선하다.

그들은 직설적이다.

그들은 곡선이나 원형이 아니라, 직선이나 삼각이다.

그들은 원칙을 강조한다.

그들은 융통성 같은 단어를 싫어한다.

그들의 성격은 톡 쏘는 겨자 같다.

그들은 개혁을 하늘처럼 열망한다.

그들은 한국의 정치 무대가 너무나 잘못되어 있다고 생각한다.

그들은 보수를 개혁의 적으로 생각한다.

그들은 본인들은 그렇게 생각하지 않겠지만 감정이 앞선다.

그들은 매듭을 풀 생각은 하지 않고 매듭을 끊어 버린다.

15 인 물

▷ 추미애씨는 어이가 없다
▷ 정동영씨가 잘 안 보인다
▷ 천정배씨의 말투 아마추어리즘
▷ 김두관씨의 흉내내기
▷ 신기남씨와 유인태씨
▷ 강금실씨의 오버액션
▷ 문희상씨의 판단력
▷ 최낙정씨의 꼴불견
▷ 이창동씨는 자연인으로 돌아가라

추미애씨는 어이가 없다

-추미애 여성 국회의원-

정동영 의원과 함께 노무현 대통령을 정말 대단하게 밀었다.
대통령 선거 때 보면 늘 옆에 따라다녔다.
여성 의원이다보니 정치적 발언에 더 관심이 간다.
몫을 단단히 하고 있는 정치인이다.
지금은 노대통령과 코드가 맞지 않는 모양이다.
매우 불쾌한 것 같다. 참다참다 터져나온 말이다.
"대통령은 민주당 사태에 가장 책임이 크다."
그런데 노대통령은 그렇게 큰 책임을 느끼지 않는다.
구주류는 낡은 정치인이고, 중도파는 좀 덜 낡은 정치인이며, 신당은 시대에 맞는 정치인으로 못을 박고 있었기 때문이다. 어차피 낡은 정치인과는 갈라서야 된다고 철석같이 믿고 있었다. 난리통에도 눈 하나 깜짝하지 않고, 말 한 마디 하지 않는 것이 그 증거였다.
'당정 분리론'으로 명분을 세우며…….
추미애 의원은 어이가 없다.
감정이 불꽃되어 어찌해야 할까.

정동영씨가 잘 안 보인다

-미남 국회의원 정동영-
요즘 잘 보이지 않는다.
일체 말을 하지 않는 듯하다.
무슨 사연이 분명히 있겠지.
노대통령과 코드가 맞아, 중요 직책에 인선될 줄 알았다.
더 큰 내일을 보는 듯하다.
추미애 의원과 뜻이 달라졌다.
열린우리당 정치인들 중에 친화력이 돋보이는 의원이다.
지금은 큰 발언을 자제하는 것이 옳다고 생각하는 모양이다.
노대통령과 총괄적 코드는 맞을지언정 부분적 코드는 맞지 않는다고 생각된다.
 예를 들면, 노무현식 막말과 대부분의 정치인을 낡은 정치인으로 매도하는 히스테리적 권위주의 말이다.
 세월이 정답을 줄 것이다.

천정배씨의 아마추어리즘

　기독교방송의 〈시사 잡기〉 프로에 천정배 의원이 출연했다.
　그때 그는 신주류 민주당의 대변인 격이었다.
　역시 말투가 둥글지 못하다.
　구주류 민주당(현 민주당) 의원을 지역 패권주의의 잔당으로 확신하고 있다. 구주류 민주당에서 들으면 매우 마음이 상할 것 같다.
　나는 아무런 관계가 없는 사람인데도 그런 말을 주저없이 하는 사람들이 싫다.
　정치인이라면 자신과 의견이 맞지 않는 상대 정치인이라도 그렇게 기분을 상하게 하면 안 된다.
　이것은 개혁의 통합된 여건을 구성하는 데 전혀 도움을 주지 않는다. 그는 추미애 의원을 향해서도 '도저히 이해할 수 없다'고 말했다. 같은 배를 탔다가 갈라서는 상대 의원을 그런 식으로 짤막하게 평가해서는 안 된다.
　'다음에 좋은 만남이 있을 것이다.'
　이런 식이 되어야 한다.
　정치권에 막말의 잔치가 풍성하게 열리고 있다.

김두관씨의 흉내내기

쓰레기 운운했다.
여당, 야당 모두 싸잡아 비난했다.
5, 6공 세력 운운했다.
이런 말들은 대통령이 해도 비난받기 쉬운 말이다.
자기들만 깨끗하고 남들은 쓰레기라는 등식은 수학적으로 풀어도 맞지 않는 얘기일진대, 하물며 정치적으로는 더할 나위가 없다.
특히 낡은 정치인을 좀 생각해 보자. 그들이 이룩해 낸 경제 발전 위에서 정치 발전이 이룩되는 것이 아닌가.
경제 발전 없이 정치 발전이 된 나라를 말해 보라.
특히 김두관씨는 말해야 한다.
구 정치인들이 이룩해 낸 경제의 등에 업혀 이만큼 정치 발전이 있는 것이 아닌가.
김두관씨는 대통령의 말투를 닮아갈 것이 아니라, 구 정치인의 시대적 고통에 숙연해져야 한다.
아부와 개혁이라는 재료를 사용해 꽈배기를 만들어 내고 있는 것이다.

신기남씨와 유인태씨

신기남씨가 또 구주류를 향해 '지역주의' 발언을 했고, 유인태씨 역시 '취중 파병 반대론'을 제기했다.

정치인은 지역주의라는 말을 삼가야 한다.

국민들은 그 말을 치가 떨리도록 들었고, 그런 말을 하는 자에게 박수를 보내지 않는다.

'지역주의'라는 말을 자주 사용하는 자가 의심을 받을 수도 있다.

유인태 정무수석은 돈키호테인가.

술 먹으면 자제가 안 되는 사람인가.

배웠다는 사람들이 도대체 뭘 배웠단 말인가.

두 사람 모두 국익에 도움이 안 되는 발언을 했고, 개혁하고자 하는 열린우리당에도 당연히 도움이 되지 않는다.

강금실씨의 오버액션

 강금실씨가 결국 쓸데없는 말을 했다.
 노대통령의 낭독문을 대독한 것일까?
 누구나 그럴 가능성을 믿는다.
 송두율씨의 사법 처리 여부에 대해 장관은 왈가왈부해선 안된다.
 검찰의 수준을 깔보는 격이 된다.
 다른 일들도 산더미같이 쌓여 있는데 왜 하필 정치적 발언을 하는가?
 그런 말을 하면 본인도 모르게 권위주의로 변하게 된다.
 장관의 말이기에 검찰은 정확한 판단을 하기 이전에 신경이 쓰인다.
 강금실씨가 본의 아니게 충동질을 한 것이다.
 국민들에 의해 선출된 자만이 그런 말을 할 수 있으며 그 책임을 지는 것이다. 김두관씨도 마찬가지 아니었는가.
 장관들은 그저 자기 일만 하면 좋겠다.

문희상씨의 판단력

　감사원장 임명 동의안이 부결되었다.
　문희상씨는 '꿈에도 부결될 줄 몰랐다'고 심경을 토로했다.
　반대한 국회의원의 수가 찬성한 국회의원의 수보다 2배 가까이 나왔는데, 문희상씨는 그런 말을 할 수 있는가.
　물론 그런 생각은 자유지만 비서실장으로서의 판단력이 느껴지는 대목이다.
　현 4당 구조는 많은 문제를 낳고 있다.
　노대통령에 의해 생겨난 묘한 정치 상황이다.
　지금 비서실장의 역할은 역대 어느 정권 때보다도 중요하다.
　판단력이 매우 흐리게 보여지는 그런 발언을 삼가야 한다.
　'비애의 침묵'이라 말하지 않았던가.

최낙정씨의 꼴불견

새로 부임하자마자 기다렸다는 듯이 태풍 '매미' 내습 때 오페라를 관람해 구설수에 올랐던 대통령을 적극 옹호했다.
'왜 대통령은 태풍이 올 때 오페라를 보면 안 되느냐?'
그리고 고정 관념을 운운했다.
지금의 상황은 대통령이 아주 잘 한 일이 있어도 잘 했다고 얘기해선 안 되는 시기이다.
야당에서 코드 시비가 연일 터지고 있지 않은가.
한 시민으로서 한마디 하겠다.
'대통령은 심한 태풍이 올 때 오페라를 보면 안 된다.'

이창동씨는 자연인으로 돌아가라

　이창동씨는 예술·관광 분야에만 전념하라.
　정치에 경험이 부족한 자일수록 말조심해야 대통령에게 힘을 실어주는 것이 된다.
　송두율씨 사건에 대해 '왜 이렇게 논란이 되는지 모르겠다'라는 발언은 개인 이창동씨로서는 가능하지만, 장관으로서는 경솔하기 짝이 없다.
　북한은 아직도 상식이 통하지 않는 부분이 많으며, 합리적 사고로 접근하기 매우 어려운 부분도 많다.
　한 마디로 불안하고 위험한 돌출 행동도 불사할 수 있는 국가다.
　송두율씨보다 훨씬 가벼운 사건으로 지금 교도소 생활을 하고 있는 사람도 한두 명이 아니질 않는가.
　'내가 한 얘기는 큰 의미 없이 일반적으로 상식적으로 한 것이다. 그것을 큰 활자로 포장한 신문이 문제다'라는 발언은 상식이 뭔지도 깊이 생각지 않은 말이다.
　큰 의미 없는 말은 가정에서 집사람하고만 하면 될 일 아닌가. 장관직을 맡고 있으면서 혼란이 야기되는 '개인적 소신'을 넙죽 던진다는 것은 국민을 감정의 구렁텅이로 빠뜨리는 결과를 초래한다.

장관은 임명된 자이다.

국민에 의해 직접 선출되지 않은 자가 혼란을 야기시키는 정치적 발언을 한다는 것은 자신의 위치도 모르고 있는 것이다.

16 개혁할 사례들

▷ '문화관광부' 명칭을 바꾸자
▷ 로또의 슬픔
▷ 양심에 털 난 언론
▷ 눈에 보이는 개혁
▷ 문화를 썩게 해서는 안 된다
▷ '안전벨트 벌금 제도'가 나를 웃긴다
▷ 최초의 흡연 금지 국가
▷ 도심 속의 곰팡이들
▷ 직계 가족 재산 몰수법
▷ 매우 큰 언론 개혁

'문화관광부' 명칭을 바꾸자

문화와 문명은 어떻게 다른가?
사전의 정의를 찾아보자.
문화는 '인간의 공동 사회가 이룩하여 그 구성원이 함께 누리는 삶의 양식 및 표현 체계'라 했고, 문명은 '인류가 이룩한 비교적 높은 수준의 물질적·기술적 사회 조직적인 발전'이라 했다.
사전적 해석을 면밀히 생각해도 그 구분은 그리 쉽지 않다.
그러나 자세히 살펴보면 법칙이 존재한다.
문명이 문화를 낳는다는 것이다.
인류의 4대 문명 발상지에서부터 시작하여 오늘날의 인류 문화가 탄생되었다.
가까운 예를 들어보자.
신체 장기 이식 개발 문명으로부터 장기 이식 문화가 성행하고 있고, 첨단 반도체 칩 개발 문명은 휴대폰 문화를 탄생시켰다.
여기서 우리는 반드시 알아둘 게 있다.
인간의 극소수가 문명을 태동시킨다는 것이다.

우리는 이들을 '창조적 극소수'라 정의해 보자.

창조적 극소수가 문명을 태동시키면 이 문명이 대중의 선호도가 높아져서 문화를 탄생한다는 것이다.

그 문화가 좋은 것이든 나쁜 것이든 반드시 이러한 절차를 밟는다는 것이다.

이러한 근거하에서 두 가지만 얘기해 보려 한다.

첫째, 정치 문화다.

수준 높은 정치 문화는 창조적 극소수인 최고 지도급 정치인에 의해 태동된다는 것이다.

국민들은 이러한 수준 높은 정치 문화를 위해 최고 지도자를 선출했다.

그러나 선출할 때마다 결과가 너무도 좋지 않다는 것이다.

선거 제도 개혁의 필요성이 얼마나 긴박하며 중요한지를 노 대통령은 절감해야 한다.

둘째, 문화의 철학적 의미다.

'문화'라는 용어는 어떤 단어에 연결해도 자연스럽다.

정치 문화, 경제 문화, 약국 문화, 의류 문화, 건축 문화, 휴대폰 문화, 청소년 문화 등이다.

이것은 무엇을 의미하는가?

이 세상에서 가장 광범위한 용어이며, 인간의 삶의 구석구석에까지 문화가 스며들어 있다는 것이다.

정치인들이 깊은 정치 철학을 가지고 있었다면 지금의 '문화관광부'는 벌써 그 명칭이 바뀌어졌을 것이다.

이러한 명칭 변경은 이데올로기가 필요 없는 개혁이다.

작게 보이고 무의미한 것처럼 보일지는 몰라도 이러한 용어들이 하나하나 바로서야 나라가 서고 부서별 정책 혼선도 없어진다.

수십 년 동안 정치 무대를 거쳐갔던 정치인들 모두가 '문화'의 정치 철학적 의미를 한 번도 생각조차 하지 못하고 있었던 것이다.

노대통령은 '**예술관광부**'로 고칠 의향이 있는지 모르겠다.

로또의 슬픔

 어느 한 경찰관이 로또 복권 1등에 당첨되어 혼자서 세금을 제외하고도 300억 원이 넘는 당첨금을 거머쥐게 됐다.
 우리 나라 국회의원들 봉급을 1년 주고도 남는 돈이다.
 그것이 언론을 타고 나온 뒤로 확률도 거의 없는 로또가 인기 절정에 있다.
 정말 언론이 얄밉다.
 언론 덕분에 날개돋친 듯 복권은 팔리고, 사회는 확률도 없는 행운에 사로잡혀 너도 나도 복권 얘기다.
 5인 가족을 기준으로 해서 한 가정의 재산이 10억이라면 매우 부유하게 살 수 있다.
 사실, 그 정도면 너무 풍요롭다.
 3억 정도의 주택과 3억의 현금 저축, 그리고 4억 정도의 사업 자본이면 남부러울 것이 없다.
 최상급으로 풍요롭게 살 수 있다.
 사치하지만 않는다면 가지지 못할 것이 없다.
 자본주의 원칙은 능력만큼 돈이 따른다.
 민주주의 원칙은 최대 다수의 최대 행복이다.

그런데 지금 둘 사이의 원칙이 일치되지 않는다.

로또는 지금 마약과 같고, 마약에 취한 로또 매니아들은 헛된 꿈의 환희에 차 있고, 언론은 돈을 벌기 위해 복권 마약의 극대 효과를 노린다.

사회가 모두 썩었다.

선진국에서 성공한 것이면 여과 없이 모두 한국에 들어온다.

과연 복권 당첨금이 10억 이상 되어서 사회에 도움될 게 무엇이 있는가?

복권에 의해 조성되는 사회 복지 기금의 백 배, 천 배 그로 인해 파생되는 사회 문제 비용이 더 든다.

우리는 썩어 있는 것을 서로 모르고 있다.

모르는 체하는 이도 있다.

베풀고 나누는 자본주의로 나가야 한다.

대통령은 이런 것부터 개혁하라.

양심에 털 난 언론

요즘 연예 스포츠 신문이 여러 개 있다.
내용을 보면 아이들 앞에 민망할 정도다.
언론은 너무나 무책임하다.
그저 잘 먹고 잘 살아야 하기 때문에 양심에 털이 난 것을 알면서도 모른 체한다.
신문에는 알려야 될 것은 뒤로 하고, 정말 알려서 백해 무익한 것들로 꽉 차 있다.
가장 알려서는 안 될 것이 신문 전면 컬러판 헤드라인과 사진이다.
안정 위주가 아니고 흥분 위주다.
성실 위주가 아니고 한탕 위주다.
청소년의 가출과 탈선은 연예 스포츠 신문의 책임이 매우 크다. 그러나 폐간시키면 언론 탄압이 될 것이다.
스포츠 내용은 그대로 두더라도, 연예 기사는 과감하고도 강력한 단속 법안이 나와야 된다.
신문 판매량 경쟁을 위해 너도나도 지나치게 자극적이다.
성인들도 놀라서 소스라치는 내용이 너무나 노골적으로 다루어지고 있다. 이런 것이 사회 전체의 퇴폐 문화를 부추기고 있다. 당장 개혁 대상이 바로 이런 것이다.
　국민의 열화와 같은 지지가 있을 것이다.

눈에 보이는 개혁

연말만 되면 도로 공사가 시작된다.
여기저기 파헤치고 비싼 모자이크돌을 깐다.
보기는 좋다. 그런데 도로도 멀쩡한데 깨부순다.
구청마다 예산이 남아돌아서 그렇다는 말은 공공연한 사실이다. 예산을 다 쓰지 못하면 다음 예산을 푸짐하게 받을 수 없고, 그래서 삭감되는 것을 미리 예방하는 것이다.
연례 행사로 치러지는데도 별탈이 없는 모양이다.
업자들과 결탁한다는 것도 공공연한 사실로 알려졌다.
연말이 되면 고아원·양로원이 예산 부족으로 어렵다.
전국적으로 예산을 낭비하는 도로 공사 비용이 어마어마할 것이다.
국가는 구청마다 연말에 남는 공금을 다음 해에 삭감하려 들지 말고(삭감하면 계속 도로 공사만 하므로), 남은 공금을 회수하거나 시도별로 모아서 자치적으로 고아원이나 양로원에 쓰여지도록 하는 제도로 바꾸어야 한다.
이런 일들이 빨리빨리 서둘러져야 하며, 그럴 때 비로소 국민들은 개혁의 칼이 눈앞에 보이는 것을 느끼게 된다.

문화를 썩게 해서는 안 된다

경마와 경륜 문화는 오늘날 어쩔 수 없이 악의 꽃처럼 피어나고 있다.

요즘은 경마장에 가지 않아도 커다란 TV를 보면서 빌딩 안에서 그 스릴을 즐길 수 있다. 부산에도 이제 생겼다.

한 게임당 표 1장이 10만 원을 넘지 못하는데 줄을 서고 또 서고 해서 100만 원어치도 살 수 있다.

여러 사람을 이용해서 한 게임에 1억까지도 살 수 있다.

왜 즐기는 문화에 수천만 원씩 판돈을 걸고 대박을 터뜨리려 하는가.

이런 큰 금액이 움직이는 것은 뭔가 비리가 있을 가능성이 크다.

사실 기수가 마음 한번 잘못 먹으면 판돈의 방향이 달라진다. 그리고 그 유혹도 만만치 않은 금액일 것이다.

건전한 레저 문화에 큰돈이 걸리면 경마에는 반드시 기수 주변을 넘나드는 악마 같은 로비스트들이 있다.

이들이 모든 것을 개판으로 만들고 문화를 멍들게 한다.

가장 돈 벌기 쉬운 방법이니까.

신문에 가끔 마사회 직원이 연결됐거나, 기수가 연결된 경마 비리가 터지곤 한다. 그러니 안 터뜨리고 쉬쉬하는 것은 부지기수일 것이다.

강력한 제도만 있으면 영원히 순수한 레저 문화를 지킬 수도 있다.

노대통령이 얘기한 패가 망신을 시키는 거다.

비리에 연결된 자는 곧 죽음과 같은 엄청난 죄과를 치러야 한다면 경마와 경륜 문화는 발전되어도 좋다.

이러한 부분에 강력한 제도 개혁이 시급하다.

'안전벨트 벌금 제도'가 나를 웃긴다

안전벨트 벌금 제도에 대해 말해 보자. 차를 운전할 때 안전벨트를 매지 않으면 3만 원짜리 벌금을 낸다.

비행기나 버스는 과거부터 그랬고, 충분히 문제가 없다.

그런데 개인 승용차에 대한 벌금 제도는 깊이 생각할 것들이 많다.

개인의 기본권 문제는 매우 중요하다.

외국에 예를 들 필요조차 없다.

선진국이라는 나라조차도 로또 복권을 판매하여 잘못된 마약성 자본주의를 즐기려고 하지 않는가.

다른 사람들에게 피해를 주지 않는 범주 내에서 편리한 방법으로 살아가는 것에 대해 국가는 일체의 단속을 가해서는 안 된다.

안전벨트를 매지 않았다고 교통 사고율이 높아질 객관적 이유도 없다.

단지 안전벨트를 매지 않은 사람은 안전벨트를 매고 운전하는 사람보다 교통 사고 후 크게 다칠 가능성이 클 뿐이다.

이런 이유로 국민의 안전을 도모하기 위해 규제를 해야 한단 말인가?

그렇다면 하루에 소주 2병 이상을 매일 먹거나 담배 2갑 이상을 매일 피는 사람에게도 벌금 제도를 도입해야 한다.

소주 2병을 매일 마시는 사람은 남을 피곤하게 하거나 피해를 줄 가능성이 크니까 벌금 5만 원 정도로 규제해야 한다.

이 나라 법조인과 정치인들은 개인의 기본권에 대한 철학을 도대체 가지고 있는지 무척 의심스럽다.

'안전벨트 벌금 제도'에 대해 어느 법조인도, 어느 정치인도 강력히 반대하는 자가 단 한 명도 없다는 것이 참으로 슬프다.

별것 아닌 것 같지만 기본권에 대한 철학이 있는 개혁은 매우 중요하다.

최초의 흡연 금지 국가

100퍼센트 이상적인 개혁 방안이므로, 백년 대계를 생각하고 재미있게 적어본다.

흡연에 대해서는 너무나 논란거리가 많다.

의학적으로 흡연을 백해 무익으로 결론이 난다.

만일 흡연을 법률로써 금지시키는 나라가 있다면 그 나라의 국민 건강은 세계 1위로 치솟을 것이다.

흡연은 술보다도 더 건강에 나쁘다.

그리고 간접 흡연의 문제도 있다.

모임에 나가면 술은 자기의 의지대로 먹을 수 있지만, 흡연은 간접 흡연으로 인해 자기의 의지와 관계 없이 지독한 연기를 들이마셔야 한다.

흡연은 준마약이다.

한번 피우기 시작하면 끊기가 너무 힘들다.

나는 흡연 금지 국가가 있다는 소리를 들은 바가 없다.

만일 흡연 금지 국가가 있다면 외국 관광객이 줄어들까?

최초의 흡연 금지 국가를 만들기만 한다면 나는 외국 관광객들이 급증하리라 믿는다.

희소 가치의 원리가 적용될 것이다.

흡연 때문에 국가에 많은 세금과 수익이 보장되고 있다.

흡연 금지 국가가 된다면 담배 가게는 사라져 버린다.

어린아이들의 건강 문제도, 청소년 흡연 문제도 사라진다.

그리고 성인병도 급격히 줄어들 것이다.

흡연으로 인한 많은 수익금보다, 흡연으로 인한 국민 건강에 소요되는 예산이 훨씬 많을 것이다.

틀림없는 얘기다.

만약 흡연 금지 국가가 된다면, 외국 담배의 밀수가 대대적으로 시작되고, 깊은 산골에서는 몰래 담배밭을 시작하는 이도 생길 것이 뻔한 이치다.

그러면 노대통령 말대로 패가 망신의 법률로 대응하면 된다.

애연가들의 거센 반항도 만만치 않을 것이다. 그러나 담배가 사라져 버리고 1년 정도가 지나면 그들도 '에이, 잘 됐다'라고 박수를 칠 가능성도 크다.

흡연은 준마약이라 할 수 있기 때문에 마약처럼 형사 처벌은 국민의 기본권 문제와 결부될 수도 있다.

민사 처벌을 하더라도 패가 망신시킬 수 있는 강력한 벌금 제도를 도입하면, 흡연의 암시장은 서서히 사라지고, 급기야는 최고의 일류 국가로 외국에서 칭송이 자자할 것이다.

이러한 과감한 개혁은 여당과 야당, 개혁과 보수를 넘나드는 거대한 개혁 운동이 되어야 한다.

세계에서 가장 수준 높은 국가로 인정받을 가능성도 있다.

흡연을 금지시킴으로써 나타나는 일시적인 경제 손실에 너무 집착해서는 안 된다.

 국민의 기본권을 확실히 침해하는 '안전벨트 미착용 벌금 제도'(개인 승용차)와 같은 졸속 법안은 당장 없애 버리고, 흡연 금지 국가라는 앞서 가는 한국을 위해 앞으로 1년간 TV 공개 토론을 계속하여 국민의 기본권 침해 여부가 결론이 나면 법률로 정하여 최초의 흡연 금지 국가로 세계의 명성을 얻는 개혁을 하고 싶은 생각은 없는가?

도심 속의 곰팡이들

대도시나 중소 도시의 중심가를 걷다보면, BAR, 7, ☆, ◎의 그림의 간판으로 유혹하는 곳이 있다. 일명 전자식 게임방이다.

부자들이 드나드는 곳이라고는 할 수 없고, 서민들이나 가볼 만한 분위기이다. 거기에서는 게임 확률을 턱없이 낮추어 놓고 손님들을 울린다.

그런데 더 문제가 되는 것은 이런 게임방을 운영하는 주인들이다. 게임 확률을 턱없이 낮게 맞추어 놓다 보니 손님들이 며칠 하게 되면 손해가 크다. 그러다 보면 짜증을 내고 시비를 걸기도 한다.

이를 대비하여 게임방에서 조직 폭력배와 결탁하는 것은 공공연한 사실이다. 조직 폭력배가 게임방 주인인 경우는 허다하다. 부정당한 직업이지만, 고수익을 올린다.

더 중요한 사실이 있다.

그 지역 관할 경찰서와 파출소는 물론 구청까지 연결되지 않고서는 그런 사업은 개업조차 할 수 없다는 엄연한 사실이다.

정치인들이 이를 모르고 있단 말인가?

빨리 서둘러 철퇴를 가하는 '패가 망신' 법안을 만들라.

국민들의 먼 미래를 생각하는 개혁도 필요하지만, 국민들이 당장 피부로 느끼는 개혁부터 하라.

간단하지 않은가.

직계 가족 재산 몰수법

 식당에 공급되는 음식 재료들은 무수히 많은데, 이 음식 재료에 문제가 있으면 국민의 건강에 직접적으로 치명타를 주게 된다.
 직장인들이라면 하루에 한 번 정도는 식당에서 식사를 대신하는 경우가 흔한데, 식당 문제는 그래서 하나의 관심거리다.
 식당으로 성공하려면 다음 3가지를 충족해야 한다.
 첫째, 식당은 맛이 있어야 손님을 끈다.
 둘째, 식당의 음식은 색깔도 좋아야 된다.
 셋째, 식당은 재료를 가능한 한 싼 것을 사야 수익이 크다.
 이러한 3가지를 충족시키기 위해 식당끼리 경쟁을 벌인다.
 식당 음식 재료 업자들과 유통 업체들은 이러한 여건을 악용하여 해로운 콩나물, 광택제를 섞은 고춧가루, 화학 참기름, 축산 사료용 수산물들, 물 먹인 쇠고기, 노란 물감 들인 조기, 황산 알루미늄 표백 도라지, 썩은 사료용 어묵 등을 판매하여 폭리를 챙기기 위해 국민 모두를 간접 살인시키는 행위를 저지르고 있다.
 보통 우발적으로 한 명을 살인하면 무기 징역이나 사형도 허다하다.

 이러한 불량 음식 재료 경제범은 간단한 형사 처벌로는 사라지지 않는다.

 나 혼자 교도소 가고 가족들이 잘산다면 무슨 일이라도 하겠다는 막가는 처지에 있는 국민이 한두 명이 아니라는 사실을 국가는 알고 있는가?

 그러므로 형사 처벌 외에 '직계 가족 재산 몰수법'이 타당하다. 평생 직계 가족들은 재산을 가질 수 없게 하는 제도가 간단한 형사 처벌보다 훨씬 두려운 형벌이다. 이것이 바로 패가망신 아닌가.

 그러면 국민의 건강이 되살아날 것이다.

 부의 축적을 위해 민주주의와 자본주의의 병폐를 부추기는 이러한 경제범은 단칼에 치는 것이 올바른 민주주의 수호 정신이다.

 이런 것이 개혁 아닌가?

매우 큰 언론 개혁

나는 새벽 5시에 일어난다. 보급소에 가서 오토바이에 신문을 가득 싣고 배달을 나간다.

조용한 거리에 바람을 가르며 신문 부수가 점점 줄어드는 희열에 젖다보면, 어느덧 2시간이 훌쩍 지나고 보급소로 다시 돌아온다.

떠돌이 노점 옷장사가 요즘은 매우 실적이 저조하다. 경기를 타는 모양이다. 그래서 부업으로 신문 배달을 한다.

그런데 독자들을 늘리기가 참 힘들다.

나는 지방지를 하는데, 중앙지들은 서로 경쟁이 치열해서 6개월 무료에다가 백화점 상품권, 선풍기, 고급 자전거까지 선물을 준다. 이것은 한마디로 불공정 거래다.

노대통령은 언론의 심장부를 향해 감정 어린 삿대질은 그만두고 이것부터 강력 차단해야 한다.

이것이 정부의 언론 개혁이다.

작은 것 같지만 매우 큰 개혁이다.

17 재신임 결단과 노사모

▷ 충격 정치의 선구자
▷ 재신임 결단의 원인 분석
▷ 지도자와 감정
▷ 한국은 대통령 책임제
▷ 재신임의 결단으로 더 나아질 게 있나
▷ 노사모는 과연 국사모인가

충격 정치의 선구자

　노대통령이 재신임을 받겠다고 나섰다. 주위 참모들과 깊은 대화 없이 불쑥 나온 말이다. 열린우리당도 몰랐기에 충격을 받았다.
　노대통령은 토론을 즐겨하는 듯하면서도 참모들과 협의하는 모습이 보이질 않는다. 겉으로 형식적 협의만 하고 성급한 결론을 미리 내 버린다.
　참모들은 그럴 때마다 허공에 떠서 황당함을 겪는다.
　이럴 때 능력 있는 참모는 무능한 참모보다 참모 역할의 무의미함을 더욱더 뼈저리게 느끼게 된다. 앞으로 전개될 또 다른 황당함을 직감하고 떠날 차비를 하게 될 가능성이 크다.
　노대통령은 이러한 참모들의 역할과 그들의 인격을 한 번이라도 깊이 생각을 해 봤는지 의심스럽다.
　이러한 돌발적 발언이 참모들의 정치 역량을 얼마나 경직시키는지를 과연 한 번이라도 생각을 해 봤는지 정말 의심스럽다. 취임 후 1년이 지나지 않고 있는데도 노대통령은 참모들과 상의하지 않은 충격적 발언들이 연속적으로 터지고 있다. 당정 분리론을 강조해 왔던 터라 열린우리당과도 협의할 수 있는 입장도 못 되었었다. 스스로 '독불장군 정치'의 늪으로 빠진 것이다.

  지도자로서의 풍부한 경험이 없이 참모들을 거느릴 만한 품격조차 의심받고 있다.

  적어도 '재신임' 문제는 참모들과 열린우리당 정치인들의 심도 있는 조율에 의해 결정되어야 정치적 혼란을 줄일 수 있는 것이 아닌가.

  충격 정치의 선구자다.

  개혁이 아니고 혼란이다.

  본인의 말대로 '막가자'는 뜻일까?

  국가를 사면 초가로 몰고 있다.

  분통이 터진다.

재신임 결단의 원인 분석

노대통령의 재신임 결단은 앞으로 정국을 일파 만파의 혼란으로 치달을 가능성이 매우 높다.

그의 재신임 결단에 대한 이유는 2가지다.

첫째, 최도술씨까지 불거진 도덕성에 대해 정신적 타격을 받은 상태이고,

둘째, 국회 환경, 언론 환경, 지역적 민심 환경이 극도로 나빠져서 이 상태로는 도저히 재신임 결단을 하지 않을 수 없다는 것이다.

이 모든 것이 노대통령 탓임을 열거해 보고자 한다.

첫째 이유는, 노대통령이 직접적으로 잘못한 것은 아니다.

그러나 그가 인선한 참모들의 문제점이 드러났다는 것은 그의 판단력에 흠집을 보여주는 것으로, 한마디로 '무능하다'고 말할 수 있다.

둘째 이유는, 참으로 문제가 많다.

상대 당을 수구 세력이나 더러운 보수 세력으로 규정하고 그들의 탓으로 돌리는 듯한 느낌을 주고 있다.

한나라당과 민주당에 문제가 있다 하더라도, 노대통령은 의

연하게 대처해 왔어야 했다.

 한나라당을 개혁해야 할 당으로 생각하지 말고 개혁 게임을 즐길 수 있는, 문자 그대로 보수당으로 생각했어야 한다.

 국정의 발목이나 잡는 더러운 정치인들이 모인 집단 정도로 보는 듯한 노대통령의 태도에 한나라당은 감정이 없을 리 만무하다.

 김문수씨 고소 사건도 한나라당 입장에서는 그렇게 생각할 수 밖에 없지 않는가. 한나라당이 다수당이니 당연히 국회 환경을 좋지 않게 만든 것이다.

 한나라당을 정치 개혁의 파트너로 보아야 하는 것이 지극히 당연한 현실이지 않는가.

 개혁만 집착한 나머지 한나라당을 개혁의 대상으로 보고 국민을 개혁의 파트너로 본 노대통령의 비현실성이 국회 환경을 악화시켰다.

 그리고 민주당을 쪼개지 않더라도 충분히 개혁할 수 있음에도 쪼개지지 않으면 도저히 개혁할 수 없다는 개념 자체가 큰 문제일 뿐 아니라 국회 환경을 더욱 악화시킨 것이다.

 그리고 언론 환경이다.

 한국의 대표적 신문사들을 수구 언론이라 생각하는 것 자체가 편견이다.

 그렇다면 국민은 개혁을 원하고 있는데 왜 국민의 다수가 수구적 신문을 보는가에 대한 해명을 할 수 있어야 된다.

 언론은 기본적으로 개혁적 본성을 가지고 있다.

 그러므로 한국 대표적 신문사들은 수구보다는 개혁을 원하는 것은 기정 사실이다. 개혁의 문제점과 어려움을 기사화한다고 해서 '개혁 반대'라는 흠집을 만든다면 언론에게 감정을 만들어 내는 것이다.

노대통령은 취임 후 일어난 언론과의 모든 마찰을 몽땅 언론에 돌리고 있다는 그러한 사고 방식으로 언론 환경을 개선시킬 수가 없다.

특히 언론의 도움으로 대통령이 된 그가 언론 환경 악화를 말하고 있다.

마지막으로 지역적 민심 환경 악화다.

이것은 민주당 분열과 관계가 밀접하다.

어쨌든 노대통령은 민주당 분열을 막아야만 개혁이 가능했다. 누가 무슨 말을 하더라도 민주당 분열은 노대통령이 원했던 것이 아닌가.

국민들은 모두 그렇게 믿고 있다.

특히 '지역적 민심 환경 악화'라고 말했지만 사실은 '전국적 민심 환경 악화'가 옳다.

이와 같이 국회 환경, 언론 환경, 민심 환경 모두가 노대통령 스스로가 서둘러 만들어낸 '악화'이다.

그는 열심히 하려고 했지만 '철학적 개혁'을 멀리하고 시종일관 '감정적 개혁'으로 밀고간 것이다.

그리고 그는 '정치 포기'를 선언한 듯하면서도 '노사모'에 친필을 던지고 있다.

재신임 결단은 '잘 해 보려 했는데, 나를 이렇게 몰라주는가?'라는 값싼 오기로 가득 찬 위헌 행위다.

'정의를 위해 과감히 권력을 버리겠다'는 훌륭한 지도자상(像)을 꿰어 맞추려는 어릿광대의 몸부림이다.

지금 노대통령은 훌륭한 지도자라고 할 수 없지 않는가?

고로, 재신임 결단을 내릴 처지가 못 된다.

차라리 하야 하거나, 새로운 마음으로 국정의 혼란부터 시급히 막아야 옳다.

지도자와 감정

인간은 살다 보면 감정을 추스르기 힘들 때가 많다. 그러나 동물들은 별로 신경을 쓰지 않는다. 인격이라는 게 없기 때문이다.

노점 옷장사를 해 봐도 하루에 열두 번 속 터지는데, 하물며 지도자는 어떠하겠는가?

노점 옷장사를 해 봐도 감정에 흔들리면 그 날은 망치는 날인데, 지도자가 감정에 휘말리면 과연 어떤 일이 일어나겠는가?

대통령이 되기 전에 국회의원으로서 노대통령은 청문회에서 정치력을 인정받았다.

바른 감정은 열정으로 변한다.

노대통령은 청문회에서 증인에게 바른 감정으로 격하게 공격했는데, 이를 시청한 국민들은 정치적 열정으로 승화시켜 버렸다. 그 당시 노대통령의 행운도 따랐던 것이다.

정치적 소신에 따라 그의 열정을 쏟아부었고, 국민들은 그의 열정을 정치적 철학 정도로 크게 인정해 준 것이다.

그리고 그는 대통령이 되어 버린 것이다.

국회의원 시절의 바른 감정, 즉 열정을 가지고 대통령이 되어 훌륭하게 정치를 할 수 있을 것으로 확신하고 있었다.

그러나 막상 대통령이 되면 국회의원으로 보았던 정치관으로는 감당키 어려운 부분이 있을 것이다.

정치를 넓고 깊고 크게 봐야 할 것이다.

이것은 국회의원 시절의 바른 감정은 열정으로 보여질 수도 있지만, 대통령으로서의 바른 감정은 열정으로 되는 것이 아니고, 문자 그대로 감정이 되어 버릴 가능성이 매우 높기 때문이다.

국회의원으로서 인기가 높았던 과거 정치인들의 뒤끝을 보면 느낄 수 있다.

현재 한나라당의 김 모씨, 홍 모씨가 그 좋은 예이다.

지금 노무현 대통령의 정치 개혁은 총체적 실패로 치닫고 있다. 대통령으로서의 정치적 열정은 정치 철학에서 나온 것이 아니라 정치 소신에서 나왔으며, 국회의원으로서 인정해 주었던 그 열정은 정치적 감정으로 격하되어 버린 것이다.

국민들은 감정을 추스르지 못하는 대통령으로 보기 시작한 것이다.

개혁 실패의 가장 큰 원흉이 될 것이다.

성숙한 정치 지도자는 상대방의 감정을 건드리는 것이 아니라 이성의 꽃을 피우게 만드는 것이며, 이것은 개혁 성공의 필수 과목이다.

재신임 결단은 폭발적 감정의 발로일 뿐이다.

한국은 대통령 책임제

 노무현 대통령은 본인의 개혁 열정은 결코 감정이 아니며, 국회의원 시절부터 가져온 변함 없는 마음인 것이라고 개혁 실패의 문턱에 온 지금 이 시점에서도 주장할 것이 틀림없다.
 이것이 바로 미숙한 개혁파 정치인들의 공통 답안지이다.
 국민들은 이러한 정치인에게 매료되기 쉽다. 늘 초심으로 정치를 끝까지 하겠다는 데 매력을 느끼지 않을 수 없다. 젊은층들은 더욱더 호감을 가질 수밖에 없다.
 그러나 그들의 정치적 소신은 국회의원 배지만으로 감지덕지해야 한다.
 그들이 최고 지도자로 올라서면 국민에게 낭패를 주게 되는 상황을 면치 못하게 된다.
 한마디로 그러한 초지일관형은 정치 철학의 부재로 인해 발생된다.
 자연에서 그 예를 들어보자.
 올챙이는 '물 밖에 나가서는 안 된다'는 진리를 가지고 살지만, 개구리는 '물 밖에 나가지 않으면 안 된다'는 진리를 가지고 살고 있지 않은가.

이것은 한 개체의 미성숙과 성숙의 관계일 뿐이다.

또 다른 예를 하나 들어보자.

된장찌개 식당을 해서 크게 성공한 사업가가 그 식당을 대형 호텔로 옮기게 되었다. 물론 된장찌개 레스토랑이다.

호텔로 옮기기 전에 사용했던 값싸고 두툼한 된장찌개 담는 뚝배기가 고객들에게 사랑을 많이 받았었다.

그렇다고 호텔 식당에서도 역시 그 뚝배기를 사용한다는 것은 바람직하지 못할 확률이 높다.

좀더 고상하고 호텔 식당에 걸맞은 그릇으로 교체하는 것이 바람직하다.

만약 과거에 많은 사랑을 받았던 그 뚝배기를 그대로 사용하려는 고집을 부리다간 새로운 고객들에게 낭패를 당하기 십상이다. 그렇게 사랑받았던 뚝배기 때문에 사업 실패까지도 갈 수 있다는 것이다.

노대통령은 지금 맑고 깨끗함과 개혁을 생각하기 이전에 국회의원의 시각으로 대통령직을 수행하고 있는 것이다.

국회의원 수준의 열정은 대통령이 되어 감정으로 격하되어 버렸고, 나라를 온통 감정 싸움으로 변질시켜 버렸음에도 본인은 그 원인을 아직도 알지 못해 책임을 전가할 만한 대상을 찾고 있는 것이다.

현재의 한국 정치 상황에 대한 책임이 다른 곳에 있다 한들 책임을 어떻게 그쪽으로 돌릴 수 있단 말인가?

한국의 정치 체제는 대통령 책임제가 아닌가.

재신임의 결단으로 더 나아질 게 있나?

재신임의 결단은 나라를 책임지겠다는 말일까?
노대통령의 언행으로 봐서는 재신임의 결단이 나름대로는 가장 합당한 책임 행위인 것으로 알고 있는 모양이다.
취임 후 연일 실언을 해놓고 마지막 착각에 빠져 있다고 생각된다.
그 이유를 열거해 보겠다.
첫째, 재신임 결단 이후 국민은 더욱 불안하고 경제는 혼미하다.
국민이 대통령을 선출할 때는 5년 동안 청와대에서 목숨 걸고 일해 달라는 것이다. 그것을 위해 모든 권력을 준 것이다.
한길 리서치 여론 조사에서(03.10월 초) 10퍼센트대의 지지율을 받고 있는 노대통령은 재신임 결단을 정치 역사의 획기적인 전기를 마련하는 신선한 충격으로 미화시켜서는 안 된다.
설령 훗날의 역사가에 의해 그렇게 쓰여지더라도 스스로 그런 발언을 삼가야 할 시기이다.
오히려 무능에서 나온 '권력 포기'를 '책임'으로 위장한 것으로 국민들은 느끼고 있다.

둘째, 그래도 한국 정치사에 민주화 투쟁을 해왔던 민주당 정치인들을 너무나 마음 상하게 했다.

그들을 '지역 패권주의'와 '보수 세력'으로 몰아붙이고 분열시킨 무모함을 어떻게 재신임 결단으로 책임질 수 있단 말인가?

셋째, 감사원장 임명 동의안 부결과 행자부장관 해임안 통과에 대한 강한 불만을 나타내며, '이 이상의 국정 혼란이 어디 있는가'라고 발언했다.

그러나 민주당의 분열과 재신임 결단이 훨씬 더 국정 혼란이 가중될 수 있는 사건이다.

초헌법적 사안을 끄집어내어 재신임에 성공하든 실패하든 정국은 계속적인 혼란에 싸일 것이 분명하다.

'책임'이라는 용어보다는 '무모한 욕심'으로 생각된다.

넷째, 국민들은 재신임 국민 투표 결과가 어느 쪽이든 불안하지만, 과반수 이상의 반대가 나왔을 때 새로운 대통령을 뽑아야 된다는 상황에 대해서는 더욱 불안하다.

노대통령은 이러한 국민 불안 심리를 이용할 생각은 추호도 없었겠지만 사실이 그렇다.

그리고 재신임을 받았다 할지라도, 노대통령이 혼란을 가중시켜 놓은 지금의 정치 상황에서 다 나아질 것이 없다는 것이 슬프다.

다섯째, 재신임 결단은 '총선몰이 재신임'이라는 것을 국민들도 알고 있다.

현재 열린우리당의 여건으로 봐서는 총선 필패의 불안 심리 속에 있는 상황이다.

이 책 속에서 여러 번 지적했듯이 총선에 대비해서 '재신임' 이라는 극약 처방을 가지고서 획기적인 여론몰이를 해서도 안 되며, 그렇게 해 봐야 효과도 없다는 것이다.

혼란의 위험성만 가중시킨 채 열린우리당에도 더 나아질 것이 없다는 것이다.

만약 재신임에 성공한 후, 총선에서 열린우리당의 의석이 지금보다 더 줄어든다면 노대통령은 또 재신임을 물을 것인가?

국민을 볼모로 한 흑백 게임을 정치 무대에서 벌이고 있다.

노사모는 과연 국사모인가?

노사모의 순수함에 대한 애절한 열정에 가슴이 저리다.

그들의 혈기는 개혁을 바라는 순수 그 자체다.

그들은 온 정열을 바쳐 순수한 대통령만이 개혁을 성공시킬 수 있다고 믿는다.

그들은 노무현 대통령의 순수함과 개혁 의지, 그리고 강한 결단력에 많은 기대를 걸었던 것이다.

이제 노대통령은 재신임의 도마 위에 올려져 있다.

그들은 노대통령의 재신임의 결단이 순수한 마음에서 비롯되었다고 믿고 있다. 분명히 그런 부분도 있다.

재신임 결단을 내린 직후에 노대통령은 노사모에게 애정어린 친필을 보냈다. 그들은 순수한 마음에서 보냈다고 믿고 있다. 아마 그런 부분도 있을 것이다.

그러나 알아둘 게 있다. 노사모는 순수 단체다. 정치 단체가 아니다.

순수 단체란, 좋아서 만나는 단체를 말하는 것이다. 좋은 것 외에 그 어떤 것도 바라지는 않는다. 그러나 순수한 단체이면서도 정치에 영향을 준다. 고로 '본의 아닌 정치 단체'라 말할 수 있다.

한 정치인 개인을 좋아해서 만든 단체는 정치적 색채를 당연히 띠고 있는 것이다.

이 조그만 나라에 노사모 때문에 '안티 노사모' 세력이 나타나고, 순수 단체로 출발한 그들이 정치적 색채를 띠다보니 결국 국가 분열 국면을 부채질하는 역할을 본의 아니게 하게 된다고 생각지 않는가?

순수한 단체가 정치색을 띠게 되면 문제 발생의 소지가 크다. 지금부터 그 이유를 차근히 열거해 보자.

순수한 단체는 순수하지 않다고 생각되는 대상에 대해 좀 심한 거부 반응을 하게 마련이다. 일반 단체보다 더 심하다는 것이다.

그래서 순수한 단체는 순수하지 않다고 생각되는 단체와 가까이하는 것 자체를 언짢게 생각하는 경향이 있다.

무조건적으로 미워하거나 증오하기까지 한다. 이것은 순수의 특성이요, 정치 무대에선 매우 큰 흠집이 된다.

노사모에 재가입한 명계남씨의 분노 섞인 극단적 언행을 보면 느낄 수 있다.

순수한 단체는 철학보다는 감성을 우선으로 하는 단체가 대다수다. 그들은 맑음을 즐겨한다.

노사모 역시 깨끗한 정치를 원한다. 그러나 깨끗한 정치는 어떻게 탄생되는가?

착하고 순수하고 말 잘 듣는 자녀보다 삐뚤어져 가는 자녀에게 부모가 더 많은 시간과 관심을 두듯이, 깨끗한 정치를 펼치고 싶은 정치 지도자는 본인이 깨끗하지 않다고 생각되는 세력에 순수한 열정과 끊임없는 애정을 쏟아부어야 한다. 부모 자식 간의 예처럼 중도에 포기할 수 없다.

정치는 순수한 사람을 순수하게 유지시키고, 순수하지 않다고 생각되는 사람을 순수 쪽으로 자연스레 끌어들이는 다스림이다.

노사모는 노대통령이 이러한 큰 마음으로 인내하며 정치를 이끌고 있다고 생각하는가?

취임 후 1년도 채 못 되는 기간에 연거푸 터져나오는 정치적 사건들이 모두 큰 마음으로 인내하는 정치력이 아니라 쏘가리 같은 맑은 마음 하나를 무기로 바위를 쪼개서 자갈을 만들고 자갈을 쪼개서 모래를 만들고 있지 않는가.

정치란 모래를 자갈로, 자갈을 바위로 만드는 통합 능력이라 생각되는데, 노사모는 이에 동의하는가?

순수한 정치인 노무현 대통령이 정말 한번 멋지게 개혁하려 하는 데 왜 이리 잘 풀리지 않는지를 노사모는 진정 알고 있는가?

그저 더러운 정치인들이 개혁 대상이 될까 두려워 발목을 잡고 있다고 단순히 생각하고 있는가?

가면 갈수록 점점 대통령을 극도로 싫어하는 국민들이 증가하고 있다는 심각한 현실을 알고 있는가?

우리는 이 시점에서 '순수'의 철학적 의미를 반드시 짚고넘어가야 한다.

'순수'란 복합적으로 섞여 있는 물질에서 정제된 것을 의미한다. 지하수를 증류 소독하여 콘텍트 렌즈 세척수를 만드는 것과 같다.

'순수'란 그 자체로써는 매력이 있지만, 화합과 통합을 꺼려하는 원천적인 특성을 지니고 있다.

'순수'란 같은 코드를 선호할 수밖에 없으며, 단순과도 일맥상통한다.

'순수'는 다른 성질의 것이 가까이 오는 것을 꺼려하며 분리되기를 원하는 특성이 있어 정치 무대에서는 분열로 나타난다.

'순수'란 대단히 급속도로 오염되는 특성이 있는데, 정치 무대에서는 부정 부패의 올가미에 급속도로 당한다.

노사모는 이러한 순수의 철학적 의미를 어떻게 생각하는지?

순수와 무능은 어떤 관계인가?

물론 순수하다고 무능으로 단언해서는 안 된다.

순수인이 삶의 방향을 어디로 설정하느냐에 따라 달라진다.

순수인은 자신의 논리에 깊이 빠져들기 쉽고 한쪽에 치우치기 쉬운 특성이 있다.

화가·교수·과학자 등과 같이 개인 성향이 짙은 전문 직업으로 자리잡으면 그 능력이 발휘된다.

어느 누구에게도 간섭받지 않고서 독자적 학문이 탄생된다.

그러나 순수인이 정치로 나서면 시작은 화려하나 세월이 흐름에 따라 왕따 당하기 쉽다.

유시민 국회의원 또한 그 좋은 예가 될 것이다.

정치는 정제의 기술이 아니고 혼합의 기술이요, 선악을 구분짓는 대결장이 아니고 타당을 끌어내는 화합장이기 때문이다.

순수인이 정치 무대에 서면 정치적 현실이 구역질나는 것 같고, 더러운 것 같고, 치사한 것 같고, 매스꺼운 것 같아서 도저히 기다림의 철학을 발휘할 수가 없다.

노사모는 고집과 기다림의 철학을 차별화시킬 수 있는가?

고집은 자신이 옳다고 생각하는 방향을 대다수가 부정을 해도 밀고 나가는 것이요, 기다림의 철학은 자신이 싫어하는 방향으로 정치 상황이 전개되어도 감정을 줄이고 대반전의 기회가 올 때까지 처절하게 기다리는 것이다.

정치 최고 지도자로서의 고집은 국민을 불안케 하고 위험 부담을 줄 가능성이 매우 크지만, 기다림의 철학은 안정감이 있고, 대반전의 기회가 올 가능성이 크다.

노사모는 노대통령이 어느 쪽에 가깝다고 생각하는가?

그리고 노대통령이 애초에 대통령 후보로 출마하지 않고 기다림의 철학으로 10년 정도 더 정치 경험을 쌓은 뒤에 대통령에 출마했다면 지금보다 더 성숙한 개혁 방향을 설정하여, 개혁 성공을 이루어낼 수 있다고 생각되는가?

그것은 순수의 바탕 위에 정치적 능력을 더 가미하여 순수성을 심장 속으로 완전히 감출 수 있는 단계로 올라서야만이 가능하다고 믿는다.

정치인은 순수성을 심장 속 깊이 간직한 채 통합 능력을 발휘해야 된다.

순수성을 평상시에 드러내 보이면 순수성 자체가 없는 정치인들의 협공에 단숨에 무너져 버린다는 정치 현실을 노사모는 알고 있는가?

그것은 피부에 상처가 나면 자연스레 온갖 잡균이 침입해 들어오는 것과 같다.

노대통령는 정치 역사를 한층 더 연구해야 할 필요가 있다.

그 역사 속에서 순수성을 노출시킨 개혁가들이 개혁 실패의 종말을 고하는 불행한 과거를 심도 있게 사색해야 한다.

정치인은 4가지로 구분된다.

첫째, 순수한 심장을 현실에 드러낸 자.
둘째, 순수한 심장을 현실 속에 감춘 자.
셋째, 속과 겉이 현실로 가득 찬 자.
넷째, 속은 현실이고 겉만 순수한 자.

여기서 순수한 심장은 이상과 통한다.
첫째 유형이 노대통령 유형이다.
실패한 개혁가들의 전형적인 유형이다.
둘째 유형이 바로 훌륭한 정치를 이룩해 낼 수 있는 정치인 유형이다.
정치인의 슬픔은 바로 여기에 있다.
개혁할 수 있는 순수의 큰칼을 심장 속에 숨기고 〈율리시즈〉에 나오는 카크다그라스처럼 허름한 현실주의자 옷을 드리우고 있어야 한다.
국민들이 그가 훌륭한 정치 능력을 가지고 있지 않다고 생각하더라도 큰 부자가 허름한 옷을 입고 다니듯 '순수'를 함부로 드러내 보이려고 해서는 안 된다.

오랜 정치 역정 속에 그 순수가 심장에서부터 서서히 배어 나올 때까지, 긴 세월을 오해와 갈등 속에서 기다려야 한다.

그리고 국민이 알아차릴 때 드디어 훌륭한 정치가가 탄생되는 것이다.

한 송이 들꽃이라도 갑자기 피어나는 법은 없지 않은가.

셋째 유형은 보수적 색채가 짙으며 다수의 정치인들이 여기에 속한다.

넷째 유형은 변절주의 정치인의 유형이다.

이러한 4가지 유형의 정치인에 대해 노사모는 어떤 생각을 가지고 있는가?

지금 셋째 유형의 정치인들은 노대통령을 넷째 유형의 정치 지도자로 보는 이도 많다.

그리고 첫째 유형의 정치 지도자는 셋째 유형의 정치 세력을 태생적으로 끌어안을 수 없는 한계적 정치력을 갖고 있기에, 개혁이라는 험난한 산을 정복할 가능성이 매우 적다.

둘째 유형의 정치 지도자는 셋째 유형의 정치인들에게 감정적 발언을 자제하며 겉으로는 같은 모습으로 화합을 이루며 유도선수처럼 그들의 힘을 역으로 끌어들여 개혁 성공을 이루게 된다.

그러나 둘째 유형의 정치 지도자는 국민들이 겉모습만 보기 쉬워서 정치 최고 지도자로 선택될 확률이 매우 낮다.

그리고 정치 최고 지도자가 되기 위해 자신의 순수한 양심을 까발려서도 안 된다는 사실을 잘 알고 있는 자이다.

마치 천기 누설과 같은 정치의 이율 배반성이다.

진정으로 훌륭한 정치 지도자가 전세계적으로 나타나지 않는 이유는 바로 여기에 있다.

셋째 유형의 정치 최고 지도자가 이 세상에는 가장 많이 널려 있다. 그들은 현실주의에 중심을 잡고 있는 자들이다.

넷째 유형의 정치인은 정치가 뭔지도 모르는 천방지축형이니만큼 논할 가치도 없다.

노사모는 정치인의 4가지 유형 중에 노대통령이 첫째 유형이라는 나의 주장에 이의를 제기할 수 있는가? 이런 유형의 정치 지도자는 화려한 인기로 시작하여 황당한 종말이 올 가능성이 매우 크다는 나의 주장이 궤변처럼 들리는가?

영국의 〈파이낸셜 타임스〉는 '대통령이 스스로 적임자가 아니라는 사실을 고백했다면 재신임 운운하는 위험한 게임을 하지 말고 당장 물러나는 것이 올바른 선택'이라고 했다.

프랑스의 〈르몽드〉지는 '정치적 계산이요, 울분의 소산'이라고 논평했으며, 〈아시안 월 스트리트〉지는 '신뢰를 잃어버린 정치 지도자'라고 평가했다.

이러한 세계적 선진 신문들의 논평을 노사모는 어떻게 평가하는가?

그저 세계적 보수주의 신문사들의 발목잡기로만 폄훼할 수는 없지 않는가.

보이지 않을 만큼 작은 미물도 속과 겉이 다르고, 들판의 이름 없는 잡초들도 부드럽고 순수한 속을 감추고 거친 가시로 무장하고 있는 자연의 위대한 정치력을 그저 삶을 위한 단순한 생존으로 보고 있는가.

그들은 이중성을 즐기는 것이 아니며, 진실하고 순수한 속을 드러내 봐야 어느 누구도 알아주지 않으며, 오히려 화를 자초하게 된다는 자연의 철학을 묵묵히 설명하고 있다.

하물며 정치 최고 지도자가 아닌가!